映画とドラマで学ぶイギリス史入門

名取由恵

目　次

第三章　近世のイギリス〜テューダー朝・スチュアート朝・ハノーヴァー朝

第四章　近世のイギリス〜大英帝国への道のり

第五章 近代のイギリス〜二つの大戦

はじめに

　英国ドラマというと、みなさんはどのような作品を思い浮かべますか。貴族の館が舞台の『ダウントン・アビー』、またはシャーロック・ホームズの物語を現代に置き換えたベネディクト・カンバーバッチ主演ドラマ『SHERLOCK／シャーロック』でしょうか。

　ストリーミング配信サービスの普及で、日本でも良質の英国ドラマが手軽に見られるようになりましたが、ピリオドドラマ（period drama）やコスチュームドラマ（costume drama）と呼ばれる歴史ドラマは昔から一定の人気を誇るジャンルで、英国史にはドラマの題材がたっぷりあります。ファンタジーの世界観のもとになる古代から、王や諸侯が戦いを繰り広げる中世、宗教戦争が高まるテューダー朝時代、大英帝国が世界の大国となるヴィクトリア朝時代など、素材には事欠きません。

　さて、ここで私自身のことを少し紹介させてください。私は子供の頃からアガサ・クリスティやアーサー・コナン・ドイル、ブロンテ姉妹など、英国作家の本を読むのが好きで、10代でUKロックを聴き始めるようになると、さらに英国の文化に惹かれていきました。ロンドンに住むという長年の夢が叶って、24歳でロンドンに移住、現在はフリーランスのライター・翻訳の仕事をし、人生の半分以上を英国で暮らしています。

　子育てが一段落した今では、英国ドラマ、特に歴史ドラマを観るのが一番の楽しみになりました。英国史をあまりよく知らなかったので、ドラマの予習・復習として、史実や人物などを自分で調べ始めたのですが、これがなかなか大変な作業で、大好きな映画やドラマに関連する歴

史をまとめた本が手元にあったら便利かもしれないと思い始めました。

　こんなアイデアが集まって出来上がったのがこの本です。英国ドラマを通して、ローマ侵攻から第二次世界大戦後までの英国史をたどり、これだけは知っておきたい出来事や人物、社会事件を取り上げ、基本的な英国史の流れがわかるように構成されています。作品は新しいものを中心に、名画もいくつか選びました。コラムとして、英国史に登場する魅力的な女性たちについても紹介しています。

　歴史ドラマといっても、実話にもとづくフィクション作品であり、映像化にあたって独自の設定や解釈、演出を加えているものが多く、史実と異なることが多いことにも注意を払い、明らかに史実ではない場合は、わかる範囲で記述するようにしました。また、歴史解説は基本的な事柄にとどめ、主に時代背景、文化、現在の英国との関係に焦点を当てました。私は歴史家ではないので事実関係など不十分なところがあるかもしれませんが、そこはご容赦いただき、英国史に関してもっと詳しく知りたい方は、ぜひ数多くある英国史の専門書を参考にしていただければと思います。

　それでは、さっそく本題に入りましょう。ドラマと映画のキャラクターになりきり、英国史の世界にどっぷりと浸っていただきたいと思います。

序章　英国の概要

　まずは英国史の舞台となるイギリスという国についてざっくりとまとめてみよう。日本では、イギリス、英国という呼び方をしているが、その正式名称は、「グレート・ブリテンおよび北アイルランド連合王国」になる。本書では英国に統一した。

　連合王国は、グレート・ブリテン島南部のイングランド、北部のスコットランド、西部のウェールズ、そしてアイルランド島北部にある北アイルランドの４つで構成される。それぞれ議会もあるが、特にスコットランドでは法制度も異なっており、独立の機運が近年高まっている。

　日本では英国人のことを指す英語として「English」を使う人がいるが、実はこれはイングランド人のみを指す。スコットランド人は「Scottish」、ウェールズ人は「Welsh」であり、英国全体の意味で英国人と言いたいときは「British」を使う。

・構成：イングランド、スコットランド、ウェールズ、北アイルランド
・首都：ロンドン
・人口：6708 万人（2020 年調査）
・面積：24 万 2500㎢
・言語：基本は英語、ほかにゲール語やウェールズ語も
・宗教：英国国教会ほか、カトリック、イスラム、ヒンズー、ユダヤ、
　　　　仏教など。
・政体：立憲君主制
・君主：チャールズ 3 世

第二章 古代のイギリス

第九軍団のワシ

THE EAGLE *2011*

DATA

◎監督
ケヴィン・マクドナルド
◎脚本
ジェレミー・ブロック
◎出演
チャニング・テイタム、ジェイミー・ベル、ドナルド・サザーランド、マーク・ストロングほか

◎あらすじ

西暦 140 年のブリタニアを舞台に、ローマの第 9 軍団の兵士 5000 人がカレドニアで消息を絶った事件と黄金のワシ像の探索を絡めて、ローマ軍人マーカスとブリトン人の青年エスカの友情を描く。

◎見どころ

ローズマリー・サトクリフによる児童小説『第九軍団のワシ』をケヴィン・マクドナルド監督(『ラストキング・オブ・スコットランド』)が映像化。史実をもとにしたフィクション映画である。父親の汚名と家族の名誉を守るために奔走するローマ軍人マーカスの活躍、そしてローマ人に

家族を殺され、奴隷の身になったブリトン人エスカがローマ人への復讐心とマーカスへの忠誠心の間で揺れ動く姿を追っていく。第九軍団がどのような運命を遂げたのかを解き明かすミステリー要素もある。冒頭のローマ軍対ブリトン人、ラストのシール族との戦闘などアクション・シーンも迫力たっぷり。スコットランドの美しく雄大な自然を背景に、男たちの友情と誇り、名誉をじっくり描いた、男気溢れる映画になっている。

◉時代背景
英国史を揺るがした最初の事件、ローマの侵攻

　本作の主人公は、チャニング・テイタム（『ヘイトフル・エイト』）扮するローマ軍人のマーカス・フラヴィアス・アクイラ。彼は架空の人物である。マーカスの父親は第9軍団の指揮官だったが、20年前にブリテン島北部のカレドニア（現在のスコットランド）で5000人の兵士と共に消息を絶っていた。父親の汚名を晴らすため、マーカスはローマ軍のケントゥリオ（百人隊長）としてブリテン島にやって来るが、ブリトン人との戦いで重傷を負い、名誉除隊になってしまう。落胆したマーカスだが、第9軍団が所有していたワシの黄金像を探すため、ブリトン人の奴隷の青年エスカと共にカレドニアに向かう……。

　今作のベースになっているのが、ローマ人がブリテン島に渡来してブリタニアを属国にしたローマ侵攻だ。ローマ侵攻は日本人にはあまり馴染みがないかもしれないが、英国史のなかで最も重要な出来事のひとつである。『第九軍団のワシ』の物語自体はフィクションだが、ローマが誇る最強軍団「第9軍団ヒスパナ」は実在しており、兵士の消滅は史実として記録にも残っているという。

　この時代は「ローマン・ブリテン」と呼ばれ、西暦43年から410年

までのおよそ 400 年間、ローマ帝国がブリタニアを支配した時代だ。

　ガイウス・ユリウス・カエサル（シーザー）は紀元前 55 年と 54 年の2度、ブリタニアへの遠征を行なっているが、ブリタニアがローマの属州となったのは 43 年のこと。4 代ローマ皇帝クラウディウスの時代、4 万〜5 万のローマ軍がブリテン島南東部に上陸。先住民であるケルト系ブリトン人の部族王たちは、ローマ軍の支配の下で、属州となって租税を支払う条件で部族王国を維持するか、それともローマ軍と抗戦するか、という決断を迫られた。部族王の一部はローマ軍を相手に戦ったものの、ローマ軍の強力な武器と統率された軍隊と戦術により、ケルト系ブリトン人たちは次々に征服された。

◎ケルト系ブリトン人とは何者か

　本作の冒頭部分で、ドルイド僧が率いるブリトン人たちがチャリオット（戦車）に乗って、ローマ軍の要塞を襲うシーンがある。ドルイド（Druid）とは、ケルト系ブリトン人たちが信仰していた自然崇拝の古代宗教のこと。ケルト人は文字を持たず、ドルイド僧は文字で記録することを禁じられていたが、その代わりに英雄や戦士、王たちの活躍を音楽や詩、物語にして口承で伝えた。前述のカエサルが著した『ガリア戦記』にも、ケルト系部族の勇猛な戦いぶりが記されている。

　ジェイミー・ベル（『ロケットマン』）が演じるエスカは、英北部を支配していたブリトン人のブリガンテス族長の息子という設定。この島の先住民だったケルト系ブリトン人は、どのような人々だったのだろうか。

　ケルト人は、もともと東〜中央ヨーロッパに住み、同一民族というよりは同じ文化や宗教をもつ人々の集団で、フランス、ベルギーなどを経て、ブリトン諸島に渡り、鉄器をもたらしたというのが定説だ。鉄器の伝来によって農業作業が進化し、一部の人々が富を蓄えるようになって

富の格差が拡大、有力な一部の人々が残りを支配する部族的社会が生まれた。ケルト系ブリトン人は、輪廻転生と魂の永遠性、樫やヤドリギなどの木、森、泉、川など自然のなかに宿るスピリットの力を信じていたという。12月25日に祝われるクリスマスは、もともと古代ケルトの冬至の祝いに由来しており、ヤドリギ（Mistletoe）の下でカップルがキスをするという習わしは現在でも行われている。

ローマ人の上陸に対抗するようブリトン人を扇動するドルイド

　ローマ人は、先住民族のことをブリトネスと呼んだことから、ローマの属州はブリタニア（Britanniaブリトネスの地という意味。ブリタンニアとも表記される）と呼ばれるようになった。このブリタニアの名称が、ブリテン島の名前の由来になっている。

　映画のなかで、カレドニアの奥地に住むシール族が話しているのは、スコットランド・ゲール語だが、実際の言語はゲール語だったのかピクト語だったのかは不明とされる。現在でも、ウェールズ、スコットランド、マン島、コーンウォール、アイルランド、フランスのブリタニー地方には、独自の文化や言語が生き続けている場所もある。スコットランドではゲール語の話者は約6万人いるという。

　イングランドとの併合により、一時はウェールズ語も絶滅の危険に瀕したが、近年ではウェールズ語の再教育が注目され、現在ではウェールズ国内の公用語になっている。2021年の調査では、ウェールズ国内の

ハドリアヌスの壁

ウェールズ語の話し手は約88万3300人にのぼる。これはウェールズ人口の29.1%にあたるという。

◉ローマの支配とハドリアヌスの長城

本作のなかで、マーカスとエスカがローマの支配地域を抜けて北に向かう際に通過する壁が、英北部にある「ハドリアヌスの壁（Hadrian's Wall）」だ。

ブリタニアを占領したローマ軍は、島全土の制圧を目指して北進するが、カレドニア（現在のスコットランド）の山岳地帯に住むピクト人の激しい抵抗に合う。数年に及ぶ戦いの後、ローマ皇帝ハドリアヌスは、

カレドニア進出を断念。ピクト人からの攻撃を阻止するため、122年に国境に高い壁を築く工事を始める。長壁の高さは5メートル、壁の厚さは3〜6メートルで、その距離は約116キロにも及び、本土を東西で横断する形になっている。142〜144年には、さらに北方にアントニヌスの壁が築かれたが、こちらは164年に放棄され、結局ハドリアヌスの壁が、イングランドとスコットランドの国境を定める基準になり、ローマ帝国の北限となった。

　ハドリアヌスの壁は1987年にユネスコの世界遺産（文化遺産）に単独登録され、その後2008年にはアントニヌスの壁、ドイツのリーメスと共に「ローマ帝国の国境線」という名前で世界遺産（文化遺産）に登録されている。現在は一部の地域で壁の部分が残るのみになる。

　このハドリアヌスの壁が、人気シリーズ『ゲーム・オブ・スローンズ』の「壁」のモデルになったというのは有名な話だ。壁は七王国北部国境を守るため、氷によって建設された。ハドリアヌスの壁ではローマ兵士がピクト人と戦い、壁では冥夜の守人が野人やホワイトウォーカーを相手に戦ったというわけだ。

⊙ローマ人がブリテン島に残したレガシーとは

　今作のなかで、ドナルド・サザーランドが演じるマーカスの叔父は、ローマ都市のカレヴァ（現在のハンプシャー）に住んでいるが、ローマ風の家屋や円形競技場などが建設され、ローマ様式の豊かな生活を送っていることがわかる。

　ローマ時代の影響は、現在の英国でも強く残されている。例えば、ローマ人が使ったラテン語が語源の言葉は現代英語にも数多くあり、チェスター（Chester）、ドンカスター（Doncaster）など、-chester、-caster がつく地名は、ラテン語由来である。「すべての道はローマに通ず」というのは有名な言葉だが、属州ブリタニアでも主に軍事目的で兵士によりロ

ーマ街道が建設された。ロンドンとリンカーン、さらにヨークを結ぶアーミン街道やロンドンとチェスターを結ぶワトリング街道など、ローマ都市が街道で繋がれることになった。この時代に築かれたローマ街道は、現在でも英国内の主要幹線道路の基になっている。

今作では物語がローマ人目線で描かれているのにも注目だ。洗練されたローマ人にとって、ブリトン人やピクト人は北の国の蛮族。彼らを服従させ、ローマ帝国の属国にするのがローマの正義であり、黄金のワシ像はローマの象徴である。一方で、先住民族にとっては、ローマはあくまで自分たちの土地に勝手にやってきて、略奪をする征服者でしかない。

60年頃にはイケニ族（現在の英東部ノーフォーク近辺）の女王ボアディケアが近隣部族と共に決起してローマ軍に反乱を起こし、ロンディニウム（現ロンドン）などの都市を破壊したが、ワトリング街道の戦いでローマ軍に敗れ、ボアディケアは毒を飲んで自決（病死という説もあり）している。

「ローマン・ブリテン」の時代は、屈強のローマ軍団がいたおかげで、ブリタニアは比較的平和な時代の恩恵を預かった。しかしながら、3世紀後半になるとローマ帝国も力が弱まっていき、ヨーロッパ大陸ではゲルマン民族の大移動が始まり、ローマ軍も徐々に本国に帰還。そんななかで、ハドリアヌスの壁もピクト人に破られるなどして、ブリタニアは混乱に陥る。やがて、ローマ帝国が東西に分裂すると、410年に西ローマ帝国ホノリウス皇帝はブリタニア放棄を宣言。およそ400年間続いたローマン・ブリテンの時代は終わりを迎える。

──────────── **参考になる作品** ────────────

『ブリタニア（BRITANNIA）』（2018〜）　英 Sky Studio 制作のファンタジードラマ。西暦 43 年のローマ帝国によるブリタニアの侵攻とケルト

部族の抗争を描く。出演はデヴィッド・モリッシー、マッケンジー・ク
ルックほか。

———————————— **サントラ** ————————————

　ハンス・ジマー率いる「リモートコントロール・プロダクションズ」
で『パイレーツ・オブ・カリビアン／ワールド・エンド』などを手がけ
た、アイスランド出身のアトリ・オーヴァーソンによるサウンドトラッ
ク。バグパイプの一種であるイリアン・パイプスやトライバルビートの
ドラムを中心に、古代の戦士たちのドラマを盛り上げる勇壮な音楽を展
開する。

キング・アーサー

KING ARTHUR: LEGEND OF THE SWORD *2017*

DATA

◎監督
ガイ・リッチー

◎脚本
ジョビー・ハロルド、ガイ・リッチー、ライオネル・ウィグラム

◎出演
チャーリー・ハナム、ジュード・ロウ、アストリッド・ベルジュ＝フリスベ、エイダン・ギレン、エリック・バナほか

◎あらすじ

　出自を知らずにスラム街で育ったアーサーは、聖剣エクスカリバーを岩から引き抜いたことで、自分が王家の血を引くことを知り、圧政を強いる宿敵ヴォーティガンと対決する。

◎見どころ

　ガイ・リッチー監督（『コードネーム U.N.C.L.E.』）が、アーサー王伝説を現代風にアレンジし、スタイリッシュな映像で描いた冒険ファンタジー・アクション映画。緩急自在のアクション・シーン、テンポの良い掛け合い、疾走感ある音楽、グースファット・ビルやカンフー・ジョージ

などユニークな名前のキャラクターが大勢登場しての人間群像ドラマなど、リッチー監督お得意の世界が展開する。ストリート上がりのアーサーの役作りで、アイルランドの総合格闘家、コナー・マクレガーの動きを参考にしたというチャーリー・ハナム（『ジェントルメン』）の筋肉美にも注目だ。野望のためには愛する者も犠牲にするヴォーティガンに扮するジュード・ロウ（『ファンタスティック・ビースト』シリーズ）の悪役っぷりもいい。また、デヴィッド・ベッカムがちょい役で出演している。

◉時代背景
ブリトン人の英雄、アーサー王の伝説

　本作の主人公アーサー（チャーリー・ハナム）は、ロンディウム（現在のロンドン）の売春宿で育ち、戦闘能力を磨き上げて、闇社会の元締めになるが、聖剣エクスカリバーを岩から引き抜いたことで、自分の出自を知るという設定。父王ユーサー・ペンドラゴン（エリック・バナ）は野心を抱く弟のヴォーティガン（ジュード・ロウ）に殺され、王位を奪われた。聖剣エクスカリバーを手にしたアーサーは自らの運命を受け入れ、仲間たちの協力を得てキャメロット城に攻め込み、暴君ヴォーティガンと対決する……。

　アーサー王伝説といえば、古代のブリテン島で民衆のために活躍した英雄とされ、文学、映画やドラマの題材として人気で、これまでに何度も映像化されてきた。

「アーサー王は実在した」「いや、民間伝承や言い伝えの架空の人物に過ぎない」など諸説あり、現在でもさまざまな議論が戦われている。それだけアーサー王の物語が私たちの興味やロマンを駆り立てることがわかるだろう。

　ガイ・リッチー版『キング・アーサー』は、アーサー王の物語を現代風に解釈した新版。キャラがビーニー（ニット帽）をかぶっていたり、

ナポレオンが台詞に登場したりと時代考証は無視。不思議な力を持つ聖剣エクスカリバーを中心に、キャメロット、円卓の騎士、湖の乙女などアーサー王の世界観が散りばめられているが、アーサー王伝説の定番とはかなり異なる内容だ。

　以下、本作とよく知られたアーサー王の物語との違いをいくつか挙げていこう。

　もともとの伝説では、アーサーは5世紀後半〜6世紀頃に外敵アングロ・サクソン人を撃退したブリトン人の英雄だが、今作ではアーサーがブリトン人ということはほとんど語られない。

　また、本来のアーサー王伝説では、モルドレッドはアーサーの不義の息子だが、今作ではアーサーとの血縁関係はない。さらに、通常アーサーの右腕として物語のなかで主役級をつとめる魔術師マーリンは、今作では名前のみの登場。今作でアーサーを助けるのは女魔術師メイジ（アストリッド・ベルジュ＝フリスベ）になる。

　一方、本作のヴォーティガンはアーサーの叔父で、兄であるユーサー王を妬み、魔術師モルドレッドと共謀し、ユーサーを殺害して王位を奪うという設定だが、実際のヴォーティガンは史実に残る人物。ケルト系キリスト教の修道士ギルダスが6世紀に記した歴史書に「449年にヴォーティガンというブリトン人の指導者が、ピクト人やスコット人などの外敵から守るためにサクソン人をブリテン島に呼び寄せた」という記述がある。

　つまり、アーサー王伝説に登場する人物の名前を適度に使いながら、オリジナルとは異なる物語が展開する作品というわけだ。

　もともとのコンセプトが“『ロード・オブ・ザ・リング』と『スナッチ』の融合”というだけあって、巨大ゾウや巨大ヘビ、魔物サイレンなどCGを駆使した怪物や塔のイメージは、まさに指輪物語の世界観に近く、ファンタジー要素満載の娯楽アクション、冒険活劇として存分に楽しめる内容だ。しかしながら、ファンが求める古代の英雄アーサー王

のイメージとは異なったためか、鳴り物入りの大作だったのに関わらず大コケし、約170億円もの赤字を出した映画という汚名を残すことになってしまった。当初は全6作のシリーズになるはずが企画は中止。円卓の騎士たちが活躍するはずだった続編もぜひ見てみたかったというのが正直なところ。

　さて、アーサー王の物語はフィクションなのか否か。実際のところ、アーサー王の存在を証明する決定的な証拠はないが、前述のギルダスの歴史書に「500年頃、ブリトン人の指導者アンブロシウス・アウレリアヌスがアングロ・サクソン人と戦い、ベイドン山の戦いで勝利した」という記述があり、彼がアーサー王のモデルになったのではないかともいわれている。

　イングランド・ウェールズが危機に瀕した際には、アヴァロン島で眠るアーサー王がよみがえり、国を救うという話が今もまことしやかに伝えられており、アーサー王は英国人の永遠の英雄なのである。

ブリテン島を襲う外敵

　ローマ時代が終わりを迎えた5世紀からの数百年間は、ダークエイジ（Dark Age）と呼ばれる。この間はブリテン島の歴史的な出来事を記した文献が少なく、どのようなことが起きたかが正確に知ることは難しい。しかしケルト、アングロ・サクソン、北欧などの神話や伝説をもとにしたファンタジー文学、映画、ドラマはこの時代を舞台にしたものも多く、英国ファンタジーの元ネタがそこかしこに見られ、映画・ドラマのファンにとっては見逃せない時代でもある。

　5世紀頃からブリテン島にやってきたのがアングロ・サクソン人だ。アングロ・サクソン人とは、アングル人、サクソン人、ジュート人など、ヨーロッパ大陸北西部から北海を渡り、ブリテン島に定住した民族の総称だ。サクソン語で「アングル人の国」という意味の"Angle-Land"

が由来になり、この国を指してイングランド（England）という言葉が使われるようになる。

先住のケルト系ブリトン人は島の端に追いやられ、アングロ・サクソン人はおよそ500年の間、イングランドを支配することになる。

6世紀頃までに、ノーサンブリア（アングル人の王国）、マーシア（アングル人）、イースト・アングリア（アングル人）、ウェセックス（サクソン人）、ケント（ジュート人）、エセックス（サクソン人）、サセックス（サクソン人）という7つの王国が覇権を競うようになった。この時代は七王国（Heptarchy ヘプターキー）時代と呼ばれる。これらの国は、時には戦い、時には同盟を結んで、勢力を伸ばそうとしていた。

七王国といえば、人気シリーズ『ゲーム・オブ・スローンズ』を思い出す人も多いのではないだろうか。ウェスタロス大陸は、北の王国、岩の王国など、7つの王国に分かれていたという設定だが、この時代のブリトン島はまさにそのような状況だったのだ。

そして、ブリテン島には、新たな脅威となる民族がやってくる。それが、デンマークからやってきたデーン人（Danes）、いわゆるヴァイキング（Viking）である。ちなみに、ガイ・リッチー版『キング・アーサー』では、ヴァイキングのグレービアードが登場するが、デーン人が最初にブリテン島に来寇したのは8世紀末頃なので、通常のアーサー王の物語の舞台よりもはるか後の時代になる。

・―――――――― **参考になる作品** ――――――――・

『エクスカリバー』（1981）　一般的に伝えられるアーサー王伝説の内容に一番忠実なのが、トマス・マロリー原作の『アーサー王の死』をもとにしたジョン・ブアマン監督の映画『エクスカリバー』。アーサー王入門編としてもぴったりだ。

『キング・アーサー』（2004）クライヴ・オーウェン主演の大作映画。ローマ時代を舞台に、ローマ軍の傭兵部隊を率いる指揮官アーサーが、ブリトン人と一緒になってサクソン人と戦う。

『魔術師 MERLIN』（2008〜2012）　BBC 制作のドラマ・シリーズ。10世紀のイングランドを舞台に、若きアーサーと魔法使いマーリンの活躍を描く。

───────── サントラ ─────────

　ガイ・リッチー版『キング・アーサー』の魅力のひとつがサウンドトラック。ダニエル・ペンバートンによる音楽がとにかくかっこいい。ペンバートンは、これまでにガイ・リッチー監督の『コードネーム U.N.C.L.E.』やダニー・ボイル監督の『イエスタデイ』など数多くの映画音楽を手がけている英国出身の作曲家。ケルト音楽をコンテンポラリーにアレンジし、スピーディでスタイリッシュな音世界を展開する。アーサーがロンディニウムで成長する様子を語るシーンでかかる曲が超絶クール。

アングロ・サクソンとアーサー王 ②

ラスト・キングダム
THE LAST KINGDOM 2015~

DATA

◎脚本
スティーヴン・ブッチャード
◎原作
バーナード・コーンウェル
◎出演
アレクサンダー・ドレイマン、デヴィッド・ドーソン、エミリー・コックス、イアン・ハートほか

◎あらすじ

　ウェセックス王国とヴァイキングが戦いを続ける9世紀のイングランドを舞台に、サクソン人ながらもデーン人として育った主人公ウートレッドの紆余曲折な運命を描く。サクソン人として生きるか、デーン人として生きるかの間で揺れ動くウートレッドは、ウェセックス王国のアルフレッド王と、ときには反発しあいながらもお互いの信頼を築き上げ、イングランド統一という理想を掲げて戦っていく。

◎見どころ

　バーナード・コーンウェル原作の小説『The Saxon Stories（原題・日本

語未訳)』を映像化したアクション・アドベンチャー。シーズン1・2は
BBC制作、シーズン3からはNetflixオリジナルドラマになる。撮影は
ハンガリーを中心に行われ、ウェセックスの都ウィンチェスターの街並
みやデーン人の集落など、中世の世界観を再現した舞台セットが美し
い。この時代は弓や斧、剣を使った肉弾戦なので、戦争シーンは残虐で
血生臭いが、臨場感に溢れた迫力のある戦闘描写は定評がある。ウート
レッドとアルフレッド大王の関係や、ウートレッドに忠誠を誓う男たち
との熱い友情など、ブロマンス好きにも見逃せないドラマである。

　ウートレッドを演じるのは、ドイツ生まれのアレクサンダー・ドレ
イマン。『ゲーム・オブ・スローンズ』でジョン・スノウを演じたキッ
ト・ハリントンとよく比較される。ドラマ版の最終章となるシーズン5
が2022年に配信されたが、映画版『Seven Kings Must Die（原題）』の製
作も発表された。

◉時代背景
デーン人とアングロ・サクソン人の戦い

『ラスト・キングダム』の主人公はウートレッド（アレクサンダー・ドレ
イマン）。ノーサンブリア王国（現在の英北東部）にあるベバンバーグのエ
アルドルマン（太守）の息子に生まれたものの、幼い頃デーン人の襲撃
で父親（マシュー・マクファディン）が殺され、デーン人ラグナーの奴隷
になるが、勇敢さを見込まれてラグナーの養子として育てられる。内紛
で養父が殺されるとデーン人から逃亡。故郷ベバンバーグに戻ると、太
守の座を奪った叔父から命を狙われ、デーン人とサクソン人の両方から
追われる身となる。ウートレッドは生き残りをかけて、ウェセックス王
国のアルフレッド王（デヴィッド・ドーソン）のもとに身を寄せ、自分の
アイデンティティに悩みながらも、運命に導かれて戦い続ける……。

アルフレッド大王

北欧ヴァイキングのなかでも、英国史に重要な役割を果たしたのがデンマークからやってきたデーン人だ。彼らは8世紀中〜末頃からブリテン島に来寇し、数百年にわたり、アングロ・サクソン人とデーン人の間で激しい戦いが繰り広げられることになる。デーン人の激しい侵攻に、七王国は次々と倒れ、唯一残ったのはウェセックス王国のみとなる。

本作のウートレッドは架空のキャラクターだが、百戦錬磨の強者で、勇気に溢れるウォリアー（戦士）である。11世紀初め頃に実在したノーサンブリアの太守、ウートレッド・ザ・ボールドがモデルといわれる。

ヴァイキングは勇敢に戦って死ぬと神の国アスガルドにあるヴァルハラ宮殿（北欧神話の天国）に行けると信じていたため、死を厭わぬ戦いをすることで知られるが、デーン人に育てられたウートレッドも同様の戦い方をする。ヴァイキングの戦術も熟知し、作戦能力も高いとあって、強敵をどんどん倒していく。

唯一無比の偉大な王、アルフレッド大王とは

本作に登場するアルフレッド王は実在の人物である。ウェセックス王国のアルフレッド大王（Alfred the Great・在位871〜899）だ。歴代王のなかで大王という称号で呼ばれるのは彼のみである。

アルフレッド大王はデーン人との戦いに立ち上がり、度重なる戦いの後、デーン人と和平条約を結び、ブリテン島南部を二つに分割して、南西部はウェセックスが支配、残りのノーサンブリア、イースト・アングリア、そしてマーシアの半分を含む北東部はデーン人が支配することになった。このデーン人の所有地はデーンロウ（Danelaw）と呼ばれる。

　『ラスト・キングダム』で、アルフレッド王のライフワークとして登場するのが、「アングロ・サクソン年代記（Anglo-Saxon Chronicle）」である。これはアルフレッド大王が、王の活躍や戦いの勝利の記録を英語で記録することを僧たちに命じたものだ。当時、重要な文書はラテン語で書かれることが常であったが、アルフレッドはさまざまな文献をラテン語から古代英語に翻訳させ、人々が読み書きできる手助けをしたといわれる。

　また、アルフレッド大王は、キリスト教の布教にも尽力した。もともとブリテン島のアングロ・サクソン人は異教徒であったが、6世紀頃からキリスト教が布教され、ブリテン島もキリスト教化された。

　アルフレッド大王は幼少時にローマを訪れて教皇と会見しており、熱心にキリスト教を信仰、イングランドをキリスト教国家として統一するという理想を掲げた。ドラマのなかでデーン人の首長グスルムに改宗を迫り、グスルムが洗礼を受けてキリスト教徒になるシーンがあるが、これは史実である。

　サクソン人とデーン人の宗教観、つまりキリスト教徒対ペイガン（pagan・異教徒の意）の戦いという構図も今作の大きなテーマになっている。ドラマのなかでも、サクソン人は敬虔なカトリック信者で、洗練された文化を持っており、その一方で、デーン人は北欧の神たちを信仰し、粗野で残虐で荒々しい民族として描かれる。

　アルフレッド大王は、時にはデーン人と共存をはかり、時にはデーン人と戦うなどして、イングランド統一への基盤を築き上げた。

　なお、928年にアルフレッド王の孫、アゼルスタン王（在位924〜939）

がデーンロウを奪還して、ついにイングランドの統一に成功、イングランド王を自称することになる。アルフレッド大王の夢が、孫の代になって実現したというわけだ。そして、曽孫のエドガー平和王（Edgar the Peaceful・在位959～975）は、イングランド王として初めてキリスト教の塗油の礼に沿って戴冠式を行っている。

参考になる作品

『ヴァイキング　〜海の覇者たち〜』(2013～2020)　カナダのヒストリー・チャンネル制作のドラマ・シリーズ。古代スカンディナヴィアの英雄、ラグナル・ロズブロークの活躍を描く。

サントラ

『ダウントン・アビー』や『ホワイト・クイーン』を手がけたスコットランドの作曲家、ジョン・ランによるサウンドトラック。幻想的かつ迫力あるヴォーカルを聞かせているのは、フェロー諸島エストゥロイ島出身の女性シンガーソングライター、アイヴォール。中世イングランドの世界観を体現するような音楽を展開する。

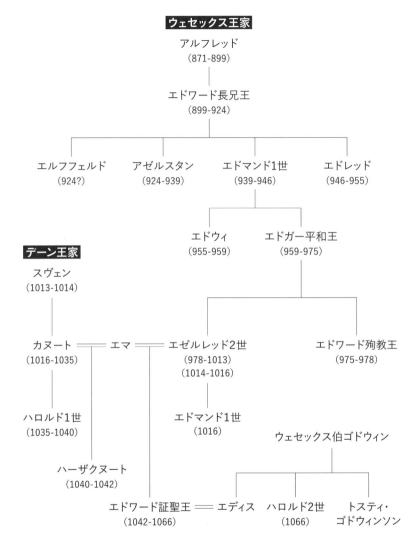

ウェセックス王家

アルフレッド
(871-899)

エドワード長兄王
(899-924)

エルフフェルド
(924?)

アゼルスタン
(924-939)

エドマンド1世
(939-946)

エドレッド
(946-955)

エドウィ
(955-959)

エドガー平和王
(959-975)

デーン王家

スヴェン
(1013-1014)

カヌート
(1016-1035) ═══ エマ ═══ エゼルレッド2世
(978-1013)
(1014-1016)

エドワード殉教王
(975-978)

ハロルド1世
(1035-1040)

エドマンド1世
(1016)

ウェセックス伯ゴドウィン

ハーザクヌート
(1040-1042)

エドワード証聖王 ═══ エディス
(1042-1066)

ハロルド2世
(1066)

トスティ・
ゴドウィンソン

COLUMN　数奇な運命をたどった女性その①

エマ・オブ・ノルマンディ

アルフレッド大王の時代から およそ200年後の11世紀のイ ングランドは、ウェセックス王 朝とデーン人の関係がますます 複雑に絡み合った時代だ。その なかで波乱の人生を歩んだの が、イングランド王妃エマで ある。

エマとふたりの息子

エマはフランスのノルマンデ ィ公国（現在のフランス北部）リ シャール1世の娘で、1002年 に政略結婚により、イングラ ンド王エゼルレッド2世（在位 978〜1016・無思慮王と呼ばれた） の2番目の妻に迎えられ、イングランド王妃となった。ふたりの間に は、エドワードなど3人の子供が生まれた。

エゼルレッド2世は、デーン人の侵入を抑えることができず、数回 にわたり、デーンゲルドと呼ばれる退去料を支払うことになり、国の財 政は悪化。追い詰められた王は、1002年にイングランド国内のデー ン人を虐殺する命令を下す。このことで、デンマーク王スヴェン1世ハラ ルドソンの怒りを買い、デーン人の攻撃は激化。国王一家は、エマの実 家があるノルマンディ公国に亡命することになった。

エゼルレッド2世がイングランドを追われた間、スヴェン1世（在位 1013〜1014）がイングランド王となり、デーン朝が始まる。ところが、 スヴェン1世が急死したため、エゼルレッド2世はすかさずイングラ

ンドに帰国して王に復位、ウェセックス朝が復活した。これに対し、ス
ヴェン1世の息子カヌートがイングランド遠征を続行し、引き続きイ
ングランドへの攻撃を続ける。

エゼルレッド2世の死後は息子のエドマンド2世（在位1016〜1016）
が即位、エドマンドはカヌート率いるデンマーク軍を相手に勇敢に戦っ
たため、「エドマンド剛勇王（Edmund Ironside）」と呼ばれるが、和平を
結んだ直後に急死。1016年にカヌート（在位1016〜1035）がイングラン
ドの王位につく。再びウェセックス朝が終わり、デーン人の王がイング
ランドを統治するデーン朝が再開する。

さて、ノルマンディのエマは、夫エゼルレッド2世の死後、1017年
に再婚してカヌートの後妻になる。つまり、自分と夫を王位から追い払
った敵と結婚したことになる。

1016年に23歳で即位した若きカヌートは、イングランド王であると
同時に、デンマーク王、ノルウェー王を兼任し、北海帝国を築き上げ
る。エマは再びイングランド王妃になったと同時に、デンマーク王妃、
ノルウェー王妃になり、ハーザクヌートを含む2人の子供を生んだ。

しかしながら、運命は皮肉なもので、カヌートは40歳で早逝。デー
ン朝はハロルド1世（在位1035〜1040）、続いてハーザクヌート（デン
マーク名はハーデクヌーズ・在位1040〜1042）の三代で途絶え、北海帝国は
崩壊を迎える。

ハロルド1世はカヌートと先妻との息子、ハーザクヌートはカヌー
トとエマの息子である。ハーザクヌートは独身で子供がなかったため、
王位後継者には母親エマの前夫エゼルレッド2世との息子で、ハーザ
クヌートにとっては異父兄であるウェセックス家のエドワードが選ば
れた。

エドワードは追放先のノルマンディ公国から呼び寄せられ、棚からぼ
たもちで、イングランド王に即位。三度目の正直でサクソン人によるウ
ェセックス朝が復活したのである。

　エドワードは、信仰心が深く、教会の規則を守る生活を送ったため、死後は聖人認定され、エドワード証聖者王（Edward the Confessor・在位1042〜1066）と呼ばれるようになった。

　エマの2度の結婚が、ノルマンディ公国とイングランドの親戚関係、北海帝国との関係を生み出し、この後のノルマン征服にも繋がっていく。

　エマ・オブ・ノルマンディの人生は、ウェセックス朝、デーン朝、ノルマン朝という3つのイングランド王家に関わる波乱に富むものだった。

第二章 中世のイギリス

PICK UP ④ ノルマン征服とノルマン朝

1066〜ザ・バトル・オブ・ミドル・アース

1066 THE BATTLE OF MIDDLE EARTH *2009*

DATA

◉ **監督**
ジャスティン・ハーディ

◉ **脚本**
ピーター・ハーネス

◉ **出演**
マイク・ベイリー、フランシス・マギー、ティム・プレスターほか。語りはイアン・ホルム

◉ **あらすじ**

1066年、イングランド王ハロルド2世、ノルウェー王ハーラル3世、ノルマンディ公ギヨーム2世がイングランド王の座をめぐって対決した戦いの経過を、アングロ・サクソン人の架空の農民兵士たちの視点から描く。

◉ **見どころ**

バイユーのタペストリーに綴られた物語をもとに、ドラマ仕立てで再現した、英公共放送チャンネル4局制作の歴史ドキュメンタリー。全2話。バイユーのタペストリーとは、ノルマンディ地方のバイユー大聖堂

に保管されている刺繍画で、ノルマン征服の戦いの模様を克明に描いたもの。ノルマン征服を描いた映画・ドラマは意外にもほとんど見当たらないが、今作は時系列でわかりやすく出来事をたどっているので、日本未放送・未公開ながらあえて紹介することにした。DVD（英語字幕あり）で発売されているので、興味がある方はぜひ見ていただきたい。ナレーションがイアン・ホルム（『ロード・オブ・ザ・リング』）なだけに、タイトルの"ミドル・アース"は、J.R.R. トールキンの『指輪物語』のオマージュかと思えば、もともとアングロ・サクソン語で「天国と地獄の間にあるこの世」を表す言葉だという。

◉時代背景
英国史上最大の事件ノルマン・コンクエストとは

　ノルマン征服（英語ではノーマンと発音）を一言でまとめるなら、「エドワード証聖者王の死亡に伴い、イングランドの王位継承権をめぐって3人の後継者が三つ巴の戦いをした結果、フランス貴族のノルマンディ公ギヨーム2世がイングランド王となった」という出来事である。今作では農民兵士の目を通して、ノルマン征服に至る3つの戦いを描いている。

　王位をめぐる争いの発端はエドワード証聖者王（在位1042〜1066）の逝去だ。ウェセックス伯ハロルド・ゴドウィンソンはエドワード証聖者王の義兄で、エドワードの臨終の際に後継者に指名され、イングランド王ハロルド2世（在位1066〜1066）として即位した。それに不服を唱えたのが、ノルウェー王ハーラル3世だ。ハロルドの弟であるトスティグ・ゴドウィンソンと共謀し、イングランド北東部に侵入する。

　そして、その2人を相手に立ち上がったのが、ノルマンディ公ギヨーム2世。父親ロベール1世の庶子ながらノルマンディ公国を引き継いだ人物で、エマ・オブ・ノルマンディは叔母であり、イングランド王

「バイユーのタペストリー」描かれた
ハロルド2世

族は親戚筋。エドワード証聖者王がノルマンディ公国に亡命していた際に親しくなり、エドワードから王位の継承権を約束されたと主張した。ノルマンディ公国の祖は北方人のロロ、つまりノルマン人の祖先はヴァイキングである。ノルマンディ公ギヨーム2世の軍は、イングランド南東岸を目指す。つまり、ハロルド2世は北と南の両方向から侵入してきた二つの敵を相手に戦わなければならなかったため、圧倒的に不利な立場に陥る。

1066年9月20日、英北部ヨーク近郊ファルフォードの戦いで、イングランド軍はハーラル3世率いるヴァイキング軍と対決。ここではハーラル3世が勝利をおさめた。これに対し、ハロルド2世率いる約7000人のイングランド軍がロンドンからヨークまでの300キロ以上の道程をわずか4日間で移動。9月25日のヨーク近郊スタンフォード・ブリッジの戦いでヴァイキング軍と対決し、ハーラル3世とトスティは戦死、イングランド軍が勝利した。

ところが、ここでノルマンディ公ギヨーム2世がタイミング良く英南東部に上陸。ハロルド2世軍は再び北部から南部へと元来た道を戻ることになる。

10月14日、南東部ヘイスティングズの手前にあるセンラックの丘で両軍は対決。ハロルド2世率いるイングランド軍は疲弊し、士気は低

下していた。7000〜8000人のノルマンディ軍はイングランド軍を打ち破り、ハロルド2世は戦死した。同年12月25日、ギヨーム2世はウィリアム1世（ウィリアムはギヨームの英語名）として即位。このノルマン人によるイングランドの征服は、ノルマン・コンクエスト（Norman Conquest）と呼ばれる。

ノルマン・コンクエストはなぜ英国史上最大の事件なのか

ウィリアム1世（在位1066〜1087）は、別名ウィリアム征服王（ウィリアム・ザ・コンカラー William the Conqueror）とも呼ばれ、イングランドに強力な王権を築き上げた。

ノルマン征服が、英国史最大の事件であるのは、イングランドの社会制度を根底から覆したことにある。これまでにもローマ人、アングロ・サクソン人、デーン人がこの地を征服・支配したが、土着の豪族や先住の貴族たちは、侵略者に従属を誓えば、その土地にとどまり、引き続き民を支配することを許されてきた。しかし、ウィリアム1世は、アングロ・サクソン人の貴族の土地を取り上げ、それをフランス貴族・騎士・高位聖職者に分け与え、徹底的

バイユーのタペストリーに描かれたウィリアム征服王

ドゥームズデイ・ブック

　に支配者階層のノルマン化を行なった。その結果、貴族たちの言語は北フランス語になり、文化的にもフランス式のものが多く入り、イングランドの支配階層の生活様式は大きく変化。また、土地を与える代償として軍役を課し、イングランドで封建制社会が誕生した。ウィリアム征服王とは、その名の通り、フランスからイングランドにやって来て、イングランドを征服した王なのである。

　イングランドとノルマンディの二国を治める必要があったウィリアム1世は、イングランドを掌握するために多くの城を築き、ヴァイキングやスコット人、ウェールズ人などの外敵からの攻撃に備えた。ロンドン塔やウィンザー城もそのひとつだ。

　また、1086年にドゥームズデイ・ブック（Domesday Book）を作成する。これは、イングランドの土地の所有権、領地内の自由人と奴隷の人数、家畜の数などを調査した世界初の土地台帳で、税金を課すために使用された。

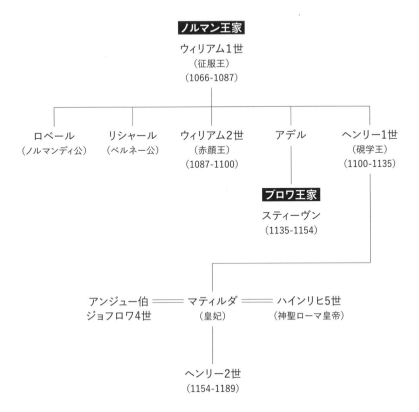

ノルマン王家
ウィリアム1世
（征服王）
（1066-1087）

ロベール
（ノルマンディ公）

リシャール
（ベルネー公）

ウィリアム2世
（赤顔王）
（1087-1100）

アデル

ヘンリー1世
（硯学王）
（1100-1135）

ブロワ王家
スティーヴン
（1135-1154）

アンジュー伯 ＝＝＝ マティルダ ＝＝＝ ハインリヒ5世
ジョフロワ4世　　　（皇妃）　　　（神聖ローマ皇帝）

ヘンリー2世
（1154-1189）

PICK UP ⑤ プランタジネット朝のはじまり

ダークエイジ・ロマン 大聖堂

THE PILLARS OF THE EARTH 2010

DATA

◉ 製作総指揮
リドリー・スコットほか
◉ 脚本
ジョン・ピールマイアー
◉ 原作
ケン・フォレット
◉ 出演
イアン・マクシェーン、ルーファス・
シーウェル、マシュー・マクファディ
ン、エディ・レッドメイン、ヘイリ
ー・アトウェル、ドナルド・サザーラ
ンドほか

◉ あらすじ

　12世紀、イングランド国王スティーヴンとヘンリー1世の娘モード
が王権を争った無政府時代のイングランドを舞台に、キングズブリッジ
という架空の町での大聖堂建設と運命に翻弄される人々の人間模様を
描く。

◉ 見どころ

　ケン・フォレットのベストセラー小説『大聖堂』を、リドリー・スコ
ットらの製作総指揮により映像化した歴史ドラマ・シリーズ。長編小説
を全8回で収めているので、ストーリー展開はかなり急ぎ足で、結末

を含めて原作と異なる部分は多いが、良質の大河ドラマに仕上がっている。2011年の第68回ゴールデン・グローブ賞で、イアン・マクシェーンとヘイリー・アトウェルが、それぞれＴＶムービー／ミニシリーズ主演俳優、主演女優賞にノミネートされた。ブレイクする前のエディ・レッドメイン（『ファンタスティック・ビースト』）、サム・クラフリン（『ハンガー・ゲーム』）の瑞々しい存在感にも注目だ。

◉時代背景
ホワイトシップの遭難と王位継承争い

　物語の中心になるのは、マシュー・マクファディン（『リッパー・ストリート』）扮する気の良い修道士フィリップとルーファス・シーウェル（『女王ヴィクトリア　愛に生きる』）演じる石工のトム・ビルダー。自分が設計した大聖堂を建てるという夢を持つトムは、キングズブリッジの町にやってきて、フィリップ修道士に大聖堂の建築案を提案。キングズブリッジ大聖堂の建設という壮大な計画の実現が始まる……。

　ドラマはヘンリー１世、スティーヴン、モード、ヘンリー２世などの実在の人物と架空のキャラクター、歴史上の出来事とフィクションが入り混じって展開する。神の御心という言い訳のもとで権力争いをするキリスト教会の聖職者たちの姿が物語を盛り上げるが、特にイアン・マクシェーン（『ジョン・ウィック』）演じるウォーラン司教の強欲ぶりは憎らしいばかりだ。果てしない労力と時間を費やして巨大な大聖堂を建築するという作業に、当時のキリスト教会がどれだけの権威を持っていたのかが示される。ロマネスク建築からゴシック建築へ移り変わる建築史の変遷も興味深い。

　この物語の鍵となるのが、1120年にノルマンディの王族、貴族が海難事故で死亡した「ホワイトシップの遭難」だ。これは実際に起きた事故で、碩学王（ヘンリー・ボウクラーク Henry Beauclerc）と呼ばれ、強大

ヘンリー1世とホワイトシップの遭難

な王権と安定した政治を築き上げたヘンリー1世（在位1100〜1035）は、この事故により、嫡男ウィリアムを失なってしまう。

このヘンリー1世は、ノルマン征服を行ったウィリアム1世の三男である。1087年にウィリアム1世が落馬事故で死去。長男ロバート（フランス名ロベール）がノルマンディ公国を継承、次男ウィリアム（同ギヨーム）はイングランドでウィリアム2世（在位1087〜1100）として即位するが、狩猟中に背後から矢が当たって死亡。その後、三男のヘンリー（同アンリ）がヘンリー1世として即位したのだ。中世のイングランドの歴史は、権力闘争の歴史でもあり、親子、兄弟、親戚同士が、王の座をめぐって血みどろの争いを繰り広げることになる。

── サントラ ──

『THE TUDORS〜背徳の王冠〜』『ヴァイキング 〜海の覇者たち〜』などを手がけたカナダ出身の作曲家、トレヴァー・モリスによるオーケストラ・サウンドが壮大に展開される。

イングランドの女主人モード

　ヘンリー1世と王妃マティルダ・オブ・スコットランド（スコットランド王マルカム3世の娘）の間に生まれたのが娘のモード（またはマティルダ）だ。サクソン語名がモード、ラテン語名がマティルダである。

　モードは12歳のときに神聖ローマ皇帝ハインリヒ5世と政略結婚。結婚11年目で夫が死亡すると、今度は12歳年下のノルマンディ公・アンジュー伯ジョフロワ4世と再婚、長男アンリが生まれる。

　ヘンリー1世は、ホワイトシップの遭難で亡くなった息子の代わりに娘のモードをイングランド王後継者に指名したが、イングランド及びノルマンディ諸侯の多くは女性が君主になることを望んでいなかった。

　そんななか、モードよりも先に従兄（ヘンリー1世の姉の息子）のバロワ伯スティーヴンがロンドン入りし、戴冠式を挙げてしまう。スティーヴンはヘンリー1世の前でモードの後継を誓約していたので、これは裏切り行為だった。モードは王権を主張してノルマンディ公国からイングランドにやって来る。こうして、スティーヴン王（在位1135〜1154）とモードの間で王位をめぐる内乱となり、無政府時代（アナーキー The Anarchy）に突入する。

　モードは一時スティーヴン

イングランドの女主人モード

を破り、イングランドの女主人（レイディ・オブ・イングリッシュ Lady of the English）を名乗って戴冠を目指したものの、あまりに強硬的だったため、支持者を失ってしまう。結局、スティーヴンが王位に留まり、モードは死去。彼女の息子アンジュー伯ヘンリー（フランス名アンリ）とスティーヴンの間に協約ができ、翌年スティーヴンが死去すると、その約束通り、1154年にヘンリーがヘンリー2世としてイングランド王になった。

　神聖ローマ帝国皇后からノルマンディ公妃となり、父王からイングランド君主の地位を約束されながらも、一度も女王になることがなかったモード。フランスで余生を過ごし、息子のヘンリーがイングランド王として戴冠した際には、何を思ったのであろうか。

冬のライオン

THE LION IN WINTER *1968*

DATA

⊙ **監督**
アンソニー・ハーヴェイ

⊙ **脚本**
ジェームズ・ゴールドマン

⊙ **出演**
ピーター・オトゥール、キャサリン・ヘプバーン、アンソニー・ホプキンス、ティモシー・ダルトンほか

⊙ あらすじ

　1183年、ヘンリー２世は領土や家族内の抗争、後継者をめぐる問題を解決するために家族一同をフランスのシノン城に招集。クリスマスを一緒に過ごすヘンリー２世と妻、息子、愛人らの人間模様を描く。

⊙ 見どころ

　1966年にブロードウェイで上演されたジェームズ・ゴールドマンの戯曲を映画化。もとが舞台劇だけに城内での会話が中心の室内劇だが、役者同士が生み出すケミストリー、特にピーター・オトゥールとキャサリン・ヘプバーンの丁々発止のやりあいは見もの。第41回アカデ

ミー脚色賞、作曲賞、主演女優賞（キャサリン・ヘプバーン）を獲得。また、アンソニー・ホプキンスとティモシー・ダルトンはこれが長編映画デビュー作となる。名優たちの夢の競演で、まさに名作にふさわしい歴史劇だ。

◉時代背景
ヘンリー2世とプランタジネット朝の始まり

1154年、モードの息子ヘンリーはヘンリー2世（在位1154〜1189）として、イングランド王に即位、プランタジネット朝（アンジュー朝とも呼ばれる）が始まった。

本作では、クリスマスのシノン城にヘンリー（ピーター・オトゥール）と妻エレノア（キャサリン・ヘプバーン）、夫妻の息子たちであるリチャード（アンソニー・ホプキンス）、ジェフリー（ジョン・キャッスル）、ジョン（ナイジェル・テリー）の3人、そしてフランス王フィリップ（ティモシー・ダルトン）とその姉でヘンリーの愛人でもあるアレース（ジョーン・メロウ）が一同に会する様子が描かれる。ヘンリーは末弟のジョンを溺愛し、ジョンをイングランド王にと考えているが、エレノアは三男のリチャードを後継者に押すなど、それぞれ思惑がある。本心を見せたり隠したりしながら、夫婦や家族の間で腹の探り合いと駆け引きが始まる……。

映画は実在の人物が登場するが、内容はあくまでフィクション。中世イングランドの王家は、親子、兄弟の間で、権力争いの血みどろの戦いを繰り広げるが、ヘンリー2世と妻、息子たちも凄まじい。ヘンリーとエレノア王妃（イリナ、エレナー、アリエノールとも呼ばれる）との間に生まれた4人の男子（長男のウィリアムは早世）、若ヘンリー（フランス名アンリ）、リチャード（同リシャール）、ジェフリー（同ジョフロワ）、ジョン（同ジャン）は、史実でも全員父親に謀反を起こしている。また、エ

レノアも謀反を共謀したことで軟禁された。家族を愛することも許されずに、ひたすら自分の身と領土を守るために身を捧げる、これが王の孤独なのだろう。その一方で、お茶の間の家族喧嘩のようなシーンもあり、重厚な人間ドラマ、愛憎劇のなかで、どこかホームドラマ的な要素もある。

ラストシーンでは、すべてを失ったヘンリーが河辺で妻を抱擁し、再び軟禁生活に戻っていく妻に向けて、「死にたくない」と豪快に笑い、エ

トマス・ベケット暗殺

レノアも高らかに笑い返す。憎しみながらも愛し合う複雑な夫婦が描かれる。

そんなヘンリー2世だが、実際は有能な支配者だったようだ。軍制や行政を改革すると共に、司法改革にも着手。裁判官が各地をまわる巡回裁判を行い、陪審員が判決を下す制度が整えられた。

もうひとつ、ヘンリー2世で有名なエピソードは、トマス・ベケット事件である。これは、『冬のライオン』と同じく、ピーター・オトゥールがヘンリー2世を演じる映画『ベケット』（1964）のなかで描かれる。ヘンリー2世は聖職者が裁判を行う教会裁判所の制度を改革し、王と教会の関係を改善するため、友人である司教のトマス・ベケットをカンタベリー大司教に指名した。しかし、ベケットはヘンリーが聖職者

裁判権を取り上げ、国王の刑事裁判権を確立しようとしたことに反対。ヘンリー2世とベケットは対立し、ベケットはフランスに逃亡。ヘンリー2世はフランスのベケットの元を訪れ、二人の仲は修繕されたかにみえた。しかし、ベケットはイングランドに戻ると、ヘンリー2世を支援した司教たちを罷免。これに対し、ヘンリー2世は側近の4人の騎士がいる前で、大声で激怒したという。4人の騎士は、ベケット暗殺の命令が下ったと判断、1170年12月29日、カンタベリー大聖堂でトマス・ベケットを殺害した。その後、ベケットは聖人に認められる。教会との関係が悪化することを恐れたヘンリーは、教会裁判権に対する主張を退け、1174年にベケットの墓前に巡礼して罪を懺悔した。

───── 参考になる作品 ─────

『ベケット』(1964) ヘンリー2世とベケット大司教の愛憎を描く古典映画。『冬のライオン』同様に、ピーター・オトゥールがヘンリー2世を演じる。

───── サントラ ─────

『007／ジェームズ・ボンド』シリーズで有名なジョン・バリーが音楽を手がける。第41回アカデミー作曲賞を受賞。壮大なスケール感あふれるオープニングソング、透明感のある女性コーラス、重みのある男性コーラスなど、中世の歴史の深みを体現する音楽が展開する。

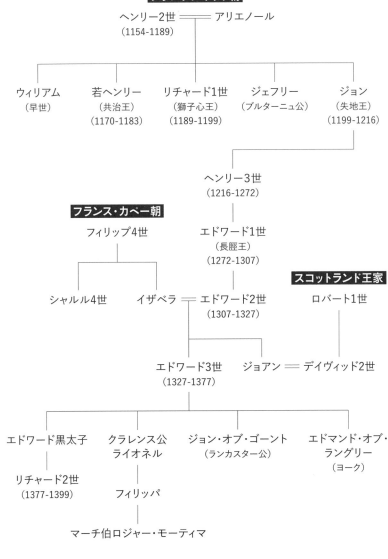

プランタジネット朝

ヘンリー2世 ═══ アリエノール
(1154-1189)

ウィリアム　　若ヘンリー　　リチャード1世　　ジェフリー　　ジョン
（早世）　　（共治王）　　（獅子心王）　　（ブルターニュ公）　　（失地王）
　　　　　（1170-1183）　　（1189-1199）　　　　　　　　（1199-1216）

ヘンリー3世
(1216-1272)

フランス・カペー朝

フィリップ4世　　　　エドワード1世
　　　　　　　　　（長脛王）
　　　　　　　　　（1272-1307）

スコットランド王家

シャルル4世　　イザベラ ═══ エドワード2世　　ロバート1世
　　　　　　　　　　　（1307-1327）

エドワード3世　　　ジョアン ═══ デイヴィッド2世
（1327-1377）

エドワード黒太子　　クラレンス公　　ジョン・オブ・ゴーント　　エドマンド・オブ・
　　　　　　　ライオネル　　（ランカスター公）　　ラングリー
　　　　　　　　　　　　　　　　　　　　　（ヨーク）

リチャード2世
(1377-1399)　　　フィリッパ

マーチ伯ロジャー・モーティマ

COLUMN　数奇な運命をたどった女性その③

エレノア（アリエノール・ダキテーヌ）

　子供たちの多くがヨーロッパ諸国の君主や妃となったことから「ヨーロッパの祖母」とも呼ばれたのが、ヘンリー2世の王妃エレノア（フランス名アリエノール・ダキテーヌ Aliénor d'Aquitaine）だ。エレノアはアキテーヌ公ギョーム10世の娘。アキテーヌ公はフランス南部に広大な領地を所有していた。

　15歳のとき、エレノアはフランス国王ルイ6世の息子ルイ王太子と結婚する。王家といえども、家柄や領地の広さという点ではアキテーヌ公家の方が格上で、ルイ6世は政略結婚

エレノア（アリエール・ダキテーヌ）
（フレデリック・サンズ画）

によって、アキテーヌ公領を手に入れようとしたのだ。結婚直後、ルイ王太子はルイ7世として即位し、エレノアはフランス王妃となる。しかし、もともと次男で聖職者になることを希望していた夫と天真爛漫なエレノアは性格が合わなかった。エレノアの不貞が発覚し、さらにエレノアがノルマンディ公・アンジュー伯アンリに興味を抱き、アンリとの結婚を熱望するようになると、ルイ7世は婚姻の無効を決意する。

　こうして、エレノアは11歳年下のアンリと再婚した。アンリは父親ジョフロワ4世からノルマンディ（フランス北部）とアンジュー（フランス北西部）の領地を引き継いでおり、エレノアと結婚したことで、アキ

テーヌ公領（フランス南西部）も手に入れた。さらに、アンリがイングランド王ヘンリー2世として即位したことで、この広大な領土はすべてイングランド王の領土になった。

その領土はアンジュー帝国と呼ばれるようになったが、これはフランス王の領土を上回る広さだったため、周辺諸国には脅威であった。当時、イングランド王はフランス王の家臣であり、主君であるフランス王に臣従礼（オマージュ hommage）を行う身だったので、フランス王にしてみれば面白いはずがない。ゆえに、その領地をめぐって、熾烈な権力争いが繰り広げられ、後の百年戦争のきっかけになる。

ちなみに、プランタジネットの名前は、アンジュー家の家紋であるエニシダ（プランタ・ゲニスタ）から取られたという。

さて、ヘンリーとエレノアの間には5男3女が生まれる。ヘンリー2世は子供たちに領地を与えたり政略結婚をさせたりすることで、諸国との平和を守ろうとするが、エレノアは自身の領地であるアキテーヌのことが優先順位の上だったようだ。かわいがっているリチャードをアキテーヌの後継者にし、リチャードが父ヘンリーと対立すると、エレノアはリチャード側につき、夫婦の溝が深まっていく。

ヘンリー2世の次男若ヘンリーは、父王と共同統治者でありながら実際には権力がなく、ヘンリー2世に不満を抱いていた。エレノアから焚きつけられた若ヘンリーは、リチャード、ジョフリーと共にヘンリー2世に対する反乱を行う。このため、エレノアはヘンリー2世の怒りを買い、その後ソールズベリーに軟禁されることになる。

さらに、若ヘンリーが病死後、1189年にヘンリー2世がフランス王フィリップ2世と争った際には、リチャードはフィリップ2世の側につくことを選ぶ。ジョンは当初父親の側についたものの、形勢が不利になると寝返って、フィリップ2世・リチャード側につく。ヘンリー2世は可愛がっていた息子のジョンの裏切りにあい、失意のまま亡くなったという。

1189年、リチャードがイングランド王に即位すると、エレノアは監禁から自由になり、82歳という長命を得た後、亡くなった。

フランス南部アキテーヌの広大な富と陽気な気質を受け、社交界の花とうたわれ、フランス王妃、イングランド王妃、そして監禁生活を経ても常に支配者として君臨したエレノア。奔放で華々しい生涯だったといえる。

ロビン・フッド

ROBIN HOOD: PRINCE OF THIEVES *1991*

DATA

◎監督
ケヴィン・レイノルズ
◎脚本
ペン・デンシャム、ジョン・ワトソン
◎出演
ケヴィン・コスナー、モーガン・フリ
ーマン、クリスチャン・スレイター、
メアリー・エリザベス・マストラント
ニオ、アラン・リックマンほか

◎あらすじ

　12世紀後半のイングランド北部を舞台に、元貴族のロビンとシャー
ウッドの森に住む仲間たちの活躍を描く。ノッティンガムの代官に父
親を殺されたロビンは、代官による悪政から人々を救うために立ち上
がる。

◎見どころ

　おなじみロビン・フッドの物語を映画化したアクション・アドベンチ
ャー。当時、ハリウッドで一番稼いでいたケヴィン・コスナー（『ダン
ス・ウィズ・ウルブズ』）が主演、ケヴィン・レイノルズ監督（『ウォーター

ワールド』) 初の大作でもある。
モーガン・フリーマン (『ミリオ
ンダラー・ベイビー』) ががっち
り脇を固めるが、何といっても
代官ジョージを演じるアラン・
リックマン (『ハリー・ポッター』
シリーズ) の悪役ぶりがいい。
アラン・リックマンは今作で英
国アカデミー賞助演男優賞に輝
いた。そして、ラストにリチャー
ド獅子心王役でカメオ出演す
る大物俳優にも注目。

ノッティンガムのロビン・フッド碑

◉時代背景
リチャード獅子心王と十字軍

　ロビン・フッドはこれまでに何度も映像化されている人気の物語だ
が、実在の人物ではなく民間伝承の伝説上の架空キャラクターである。
今回紹介した 1991 年版では、ロビンは貴族ロックスリー家の生まれ
で、第 3 回十字軍遠征に参加したという設定。

　イングランドに帰国したロビン (ケヴィン・コスナー) は、リチャード
獅子王が十字軍遠征で不在の間、ノッティンガムの代官ジョージ (アラ
ン・リックマン) の陰謀により、父親が無実の罪で殺され、城も燃やさ
れたことを知る。父の仇を討つことを誓ったロビンは、エルサレムか
ら行動を共にするムーア人のアジーム (モーガン・フリーマン) と共にシ
ャーウッドの森に入り、そこを根城にしているアウトロー一味と意気投
合。富裕層から金や宝石を盗み、貧しい者に与える義賊として活躍す

る。また、幼なじみのマリアンが代官から結婚を迫られていることを知り、マリアンを守るため、そして人々を悪政から救うために立ち上がる……。

イングランドが舞台に関わらず、ケヴィン・コスナーはじめ米国人俳優が多く、時代考証もあってないようなもので、いかにも1990年代のハリウッド映画的大味な作品ではあるが、愛あり友情ありアクションあり、勧善懲悪の王道ストーリーで、ラストもハッピーエンドという、家族みんなで楽しめるエンターテイメント冒険活劇になっている。

さて、息子たちの裏切りにあったヘンリー2世の死後、イングランド王となったのが三男のリチャードで、リチャード1世（在位1189〜1199)、またの名前を獅子心王（リチャード・ザ・ライオンハート Richard the Lionheart）と呼ばれる。

リチャード1世といえば十字軍遠征である。十字軍遠征とは、ローマ教会が聖地エルサレムをモスリムたちから戦い取ることを目的にした、数百年に及ぶ戦いである。エルサレムは、キリスト教、ユダヤ教、イスラム教にとっての聖地であり、歴史のなかで重要な場所であったが、エルサレムがセルジューク朝トルコの手に落ちると、キリスト教徒巡礼は危険なものになった。そこで、ローマ教皇のウルバヌス2世が、1095年にエルサレム奪回のための十字軍を呼びかけたのである。

1099年、第1回十字軍遠征が行われてエルサレム王国が誕生するが、1187年には、エジ

リチャード1世

プトとシリアを支配していたサラーフッディーン（サラディンとも呼ばれる）がエルサレム王国を攻撃、イスラム側が聖地エルサレムを奪回した。

　リチャード1世は、そのサラディンと戦うという使命を持って、1189年に第3回十字軍を率いて参戦した。十字軍遠征は、11世紀末から13世紀にかけて7回にわたって行われたが、結局失敗に終わっている。

　エルサレム奪回に向けて戦ったリチャード1世は、獅子心王という勇ましい名前で呼ばれるようになったが、その反面、戦いと虜囚生活のため、王としての10年の治世のなかでイングランドにいたのはわずか1年にも満たなかったという。政治面ではさほどの業績を残さず、留守中は国王代理が統治を行った。遠征中には弟のジョンが度々王位を狙う策略を行うが、失敗に終わっている。1199年、フランスのフィリップ2世との戦争中の矢傷が原因で、リチャード1世は逝去する。

参考になる作品

『ロビン・フッド』(2010)　リドリー・スコット監督、ラッセル・クロウ主演により、シャーウッドの森で義賊になるまでのロビンの姿を史劇風に描いた映画。

『フッド：ザ・ビギニング』(2018)　ガイ・リッチー監督、タロン・エガートン主演による映画。時代考証も背景も現代風に置き換え、新たなロビン・フッド像をつくりあげた。

サントラ

『ダイ・ハード』シリーズなどを手がけた米国の作曲家、マイケル・ケイメンによるサウンドトラック。ブライアン・アダムスが歌うテーマソング「アイ・ドゥ・イット・フォー・ユー」が大ヒット。第34回グラミー賞最優秀映像作品楽曲賞を受賞した。

アイアンクラッド

IRONCLAD *2011*

DATA
◉**監督**
ジョナサン・イングリッシュ
◉**脚本**
ジョナサン・イングリッシュほか
◉**出演**
ジェームズ・ピュアフォイ、ブライア
ン・コックス、デレク・ジャコビ、ケ
イト・マーラ、チャールズ・ダンス、
アナイリン・バーナードほか

◉あらすじ

　13世紀のイングランドを舞台に、冷酷なジョン王と 1000 人の傭兵
を相手に、英南部の守備の要であるロチェスター城に立てこもって城を
守るために戦う 20 人の戦士たちの姿を描く。

◉見どころ

　第一次バロン戦争でのロチェスター城での籠城戦を中心に、テンプル
騎士として神に身を捧げた男の苦悩、戦う男たちの絆などが描かれる歴
史アクション映画。ブライアン・コックス（『グッド・オーメンズ』）、デ
レク・ジャコビ（『トールキン　旅のはじまり』）、チャールズ・ダンス（『ゲ

ーム・オブ・スローンズ』）など英ベテラン俳優たちが出演。中世イングランドの時代考証もしっかりしており、地味ながらも見応えのある作品になっている。戦闘シーンは迫力満点だが、描写があまりにリアルでヴァイオレントなので、グロいシーンや血が苦手な方はご注意を。

◉ **時代背景**
ジョン失地王はなぜ最悪のイングランド王といわれるのか

『アイアンクラッド』の舞台は1215年。ジョン王（ポール・ジアマッティ）の度重なる失政に諸侯は反乱を起こし、王の権限を制限するマグナ・カルタの署名を王に迫る。やむなく署名をしたジョン王だが、ローマ教皇イノケンティウス3世にマグナ・カルタの無効を訴えると、デーン人の傭兵軍団を雇ってマグナ・カルタに賛成した諸侯たちに反撃を開始する。そこで、カンタベリー大司教（チャールズ・ダンス）は、元兵士で現在は綿商人のオルバニー卿（ブライアン・コックス）、テンプル騎士団のトーマス・マーシャル（ジェームズ・ピュアフォイ）と会見し、ロンドンへ進軍するジョン王を阻止するため、フランスからの援軍が到着するまで、英南部の守備の要であるロチェスター城を死守することを指示する。ロチェスター城に集まった屈強の戦士たち20人の戦いが始まる……。

史実と架空のキャラクターを織り混ぜたフィクション歴史映画である。寡黙で勇敢なテンプル騎士トーマス・マーシャルに扮するのは、ジェームズ・ピュアフォイ（『セックス・エデュケーション』）。十字軍の外衣を翻してロングソードを振り回す勇姿はまさにテンプル騎士そのものだ。

テンプル騎士団とは、第1次十字軍遠征後に、聖地エルサレムの巡礼者を保護する目的で結成されたもので、入団の際の秘密の儀式では、

従順、貞潔を誓い、戦死する
と天国に行くことが約束され
ていたため、騎士たちは勇
敢に戦い、最強の騎士団とし
て名をはせた。メンバーは戦
士であると同時に修道士だっ
たゆえに、トーマス・マーシ
ャルは神への信仰と女性への
愛の板挟みに苦悩するので
ある。

　本作のハイライトは何と言
っても戦闘シーンだろう。カ
タパルト（投石機）や攻城塔
などの攻城兵器、城の土台を
崩すためのブタ脂を使った地
雷攻撃など、中世の城の攻め

ロチェスター城

方や籠城、兵糧攻めの過程などが詳しく描かれる。一方で、剣や斧を使
った肉弾戦は壮絶だ。頭がカチ割られたり、上半身がぶった斬られた
り、果ては手足を切った後に投石機を使って体を壁に投げつける拷問シ
ーンなど、残虐な描写が続く。これが中世の戦いの現実だとわかってい
ても衝撃的だ。また、オルバニー卿のためなら火の中水の中という戦士
たちの忠誠心、オルバニー卿の若き従者ガイが戦士として成長していく
過程も良い。願わくはこの戦士たちのキャラクターをもっと深く掘り下
げて欲しかったくらいだ。オルバニー卿がかつて一緒に戦った部下たち
を集めてロチェスター城へ向かうという設定は、黒澤明監督の名作『七
人の侍』を彷彿とさせる。

　ロチェスター籠城は実際に起きた事件だが、映画には史実と異なる部

分も多い。実際に戦ったのは20人ではなく100人前後の兵士がいたといわれ、最終的にロチェスター城はジョン王の手に落ちている。フランス軍が到着したのは、籠城が終わって半年経過してからだった。また、オルバニー卿は実在する人物だが、綿商人ではなく、拷問死もしていない。

撮影はすべてウェールズで行われ、ロチェスター城のレプリカがセットに作られて撮影されたという。

さて、本作の裏主人公と呼べるのが、神から授かった王権を主張するジョン王である。映画ではポール・ジアマッティがジョン王を怪演しているが、ジョン王はイングランドの歴代の王のなかで最も不人気であり、冷酷、暴虐で、最悪のイングランド王という烙印を押されている。しかし、ジョン王は本当に無能だったのだろうか。

ジョンは当初、「ジョン欠地王 (John Lackland)」と呼ばれていた。ヘンリー2世が大陸の所領地を3人の息子に分割した際、まだ2歳だった末息子のジョンには与えられる土地がなかったため、ヘンリー2世がジョンのことを「領地のないジョン」と呼んだことが「欠地王」の由来と言われる。

1199年、リチャード1世が遠征中の怪我により死去、リチャードには子供がいなかったため、弟のジョン（在位1199～1216）がイングランド王になる。

晴れて広大なアンジュー帝国を受け継いだジョンだが、領地を奪おうとするフランス王フィリップ2世と全面戦争になり、ノルマンディ、アンジュー、メーヌ、トゥレーヌ、ポワティエの領地を奪われ、アキテーヌを除くアンジュー帝国の領地をほぼすべて失ってしまう。ゆえに今度は「失地王 (John Lackland)」という不名誉なあだ名がつけられたのである。

ヨーロッパ大陸での失政に重なり、戦争費用のための莫大な重税を課せられたことから、イングランドの諸侯はヘンリー1世の戴冠憲章など

マグナ・カルタの記念碑

祖法の遵守を求めて反乱を起こし、1215年にテムズ河畔のラニーミードにおいて、マグナ・カルタの署名となったわけだが、これで大人しく引き下がるジョンではなく、署名後は圧制を再開。これに対し、諸侯は再び反乱を起こして、フランス王太子ルイに援軍を要請し、第一次バロン戦争が始まる。これが『アイアンクラッド』の背景にある事情だ。

マグナ・カルタ（大憲章）がもたらした影響

　ジョン王が諸侯に突きつけられたマグナ・カルタ（Magna Carta 大憲章）については、世界史で習った人も多いだろう。

　マグナ・カルタの63カ条に及ぶ条文の主な内容は、国王の徴税権の制限、教会の自由、都市の自由などで、イングランドの封建法を成文化し、王権の制限や諸侯の既得権と市民の自由を規定している。王といえ

ども法の下にあり、その権限を制限されることが明文化されたという意味で重要とされ、これがその後の英国の立憲制の土台となった。なお、マグナ・カルタは 800 年以上経過した今でも英国の現行の法律である。

　いろいろと不名誉なジョン王ではあるが、彼にも同情の余地があった。リチャード 1 世が十字軍遠征で巨額の金を費やし、捕らわれの身になったリチャードの身代金を支払うなど、ジョンが王になるまでに、すでにイングランドは財政的に困窮していた。そのうえ、フランスで失った領地を奪回するには派兵に費用がかかり、そのための重税だったのだ。

　しかしながら、ジョン王は内戦の最中に赤痢にかかって、1216 年にあっさりと病死。それにより内戦は終わり、ジョンの息子で 9 歳のヘンリーが、ヘンリー 3 世（在位 1216〜1272）として即位した。マグナ・カルタは、ヘンリー 3 世の名前で改めて発行されている。

───────────── サントラ ─────────────

　オリジナル・サウンドトラックは、ハンス・ジマー率いる「リモートコントロール・プロダクションズ」で活躍するローン・バルフによるもの。ドラマ『ザ・クラウン』や映画『トップガン マーヴェリック』などを手がけたスコットランド出身の作曲家。

イングランドのキリスト教

　中世の時代、イングランドにどのようにキリスト教が入ってきたかを
まとめておこう。

　ローマ侵攻前、ブリトン島に住んでいたケルト系ブリトン人たちは、
自然崇拝の多神教ドルイド（Druid）を信仰するペイガン（キリスト教では
ない異教徒）だった。一方でローマ人の宗教も多神教であり、ケルトの
神々とローマの神々を融合する動きもあったという。

　313年にローマ皇帝コンスタンティン（コンスタンティヌス1世）がロー
マ帝国でキリスト教を公認すると、ブリテン島にもキリスト教が入っ
てきて、リンカーン、ロンドン、ヨークなどの都市に司教が置かれ、ブ
リトン人たちはキリスト教を信仰するようになった。

　その後、ヨーロッパ大陸からやってきたアングロ・サクソン人たちは
当初多神教だったため、5世紀頃のブリテン島のキリスト教信仰はブリ
トン人たちを中心に行われ、アイルランドから伝わったケルト系キリス
ト教の影響が強くなった。

　6世紀にはアイルランドの修行士コルンバがスコットランドにアイオ
ナ修道院を建設、634年頃には同じくアイルランドの修道士エイダンが
北部ノーサンバーランドにリンディスファーン修道院を設立した。

　一方、ローマ教皇グレゴリウス1世はイングランドに宣教師団を派
遣、597年にベネディクト派修道士オーガスティン（アウグスティヌス）
がケントに上陸し、ケント王エゼルベルトをキリスト教に改宗させ、カ
ンタベリーに最初の教会堂を建てる。

　さらに、664年のウィットビー教会会議では、ケルト系キリスト教を
退けて、ローマ・カトリックを中心にしたローマ系キリスト教が公認さ
れた。これ以降、イングランドではローマ・カトリックが大きな影響を
持つようになった。

　その後、イングランドは完全なキリスト教国になり、政治と社会がキリスト教と密接に関係するようになった。キリスト教会はキリスト教を信仰しない異教徒は地獄に堕ち、免罪符を持つと煉獄にいる時間が短縮されるとして、教会が免罪符を売ったり、聖地エルサレムの砂などの宗教遺物を売ったりした。一方で聖職者は税金の支払いも免除されていたため、教会は次第に巨額の利益を得るようになった。また、修道院も貧しい人や高齢者、病気の人たちを救済するなど、地域で大切な役割を果たす一方で、人々から献金を集め、教会同様に富むようになっていった。こうして、キリスト教会は、王家の財政を上回るほどの富を手に入れたのである。

ブレイブハート

BRAVEHEART *1995*

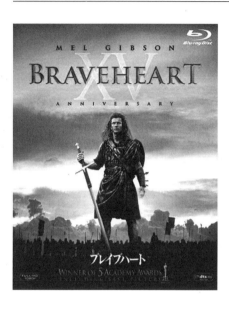

DATA

◎監督
メル・ギブソン
◎脚本
ランドール・ウォレス
◎出演
メル・ギブソン、ソフィー・マル
ソー、パトリック・マクグーハ
ン、キャサリン・マコーマック、
ブレンダン・グリーソン、ブライ
アン・コックスほか

◎あらすじ

　13世紀末、スコットランドの実在の英雄、ウィリアム・ウォレスが
圧政に苦しむ民衆と共に、スコットランドの独立と自由のためにイング
ランド軍を相手に戦う姿を壮大なスケールで描く。

◎見どころ

　15世紀の吟遊詩人ブラインド・ハリーがウィリアム・ウォレスにつ
いて綴った叙事詩を下敷きにし、メル・ギブソンの製作・監督・主演に
よる歴史劇。第68回アカデミー賞で、アカデミー作品賞、監督賞、音
響効果賞、メイクアップ賞、撮影賞の5部門を受賞した大作だ。数千

人のエキストラと 200 頭の馬を使った戦闘シーンは迫力満点、スコットランド（実際にはアイルランドとスコットランドで撮影）の美しく雄大な自然がストーリーテリングの一部となって物語を盛り上げる。

◉時代背景
エドワード 1 世はなぜハンマー・オブ・スコッツと呼ばれたのか

　ウィリアム・ウォレス（メル・ギブソン）は、幼少時にイングランド王エドワード 1 世（パトリック・マクグーハン）のスコットランド侵攻により父親と兄を失い、叔父に引き取られる。大人になって故郷に戻ったウォレスは、幼なじみのミューロン（キャサリン・マコーマック）と恋に落ち、密かに結婚するが、ミューロンがイングランド兵に殺されてしまう。復讐に燃えるウォレスはイングランド軍に反乱を起こす。民衆の支持を得たウォレスら反乱軍は、スターリング・ブリッジの戦いで勝利、英北部のヨークを占領して、スコットランドの独立を訴える。しかし、スコットランドの王位継承権を持つロバート・ブルース（アンガス・マクファーデン）とスコットランド貴族たちは、保身のためにイングランド国王に忖度してウォレスを裏切る。ウォレスらはゲリラ活動を続けるが、最後は捕えられ……。

　ウォレスの処刑は、首吊り、内臓を引きずり出され、最後に首をはねられるという凄惨なものだったが、最後までイングランド王に忠誠を誓うことを拒否、最後の力を振り絞っての「自由を！」という彼の雄叫びと己の信念に従った姿に感動を覚えた人は多いだろう。

　ブレンダン・グリーソン（『パディントン 2』）とジェームズ・コズモ（『ダーク・マテリアルズ／黄金の羅針盤』）扮するキャンベル親子など、故国スコットランドの自由を勝ち取るために戦う男たちの情熱と友情、支配者たちの野望、裏切りなどの要素を盛り込み、2 時間 50 分という長尺ながら、ラストの処刑シーンまでぐいぐいと引っ張っていく。

一方、戦いにまみれた泥臭い空気のなかで、ウォレスを愛する二人の女性が美しい。子供時代のウォレスとミューロンのふれあい、森のなかで結婚式を挙げるシーン、そして初めて愛を知る喜びにあふれたイザベラ妃（ソフィー・マルソー）。この女性たちの穢れなき愛が物語に深みを与えている。

　さて、本作でウォレスに敵対するイングランド王として登場するのがエドワード1世だ。

　1272年、ヘンリー3世の死去に伴い、長男のエドワードがエドワード1世（在位1272〜1307）として即位する。身長が190cm近くあったため、長脛王（ロングシャンクス Longshanks）と呼ばれた。

　エドワード1世は、ブリテン全島をひとつにまとめ上げるためにウェールズとスコットランドに度重なる遠征を行う。別名「スコットラン人への鉄槌」（ハンマー・オブ・ザ・スコッツ Hammer of the Scots）とも呼ばれているように、スコットランドの王位継承問題に介入してスコットランド征服戦争を開始、スコットランド王の戴冠に使用された「スクーンの石」を没収した。これに対し、スコットランド各地で反乱が起き、ウィリアム・ウォレスらによるゲリラ的な抵抗運動が激化したのは『ブレイブハート』で描かれている通りだ。

　1306年、スコットランド王家の血を引くロバート・ブルースがスコットランド王位を宣言。スコットランド王ロバート1世として即位した。

　また、エドワード1世は

エドワード1世がウォレスを打ち破った「フォルカークの戦い」

戦費を調達するための徴税を目的に、1295 年に諸侯や聖職者、各都市の市民の代表を集めて議会を行った。これは模範議会（Model Parliament）と呼ばれ、後の議会のモデルになった。

妻に疎まれ悲惨な死を遂げたエドワード2世

『ブレイブハート』に登場するエドワード 2 世（在位 1307～1327）は、無能な人物として描かれているが、実際にイングランド歴代の王のなかでも評価はかなり下位である。寵臣ギャヴィストンとは同性愛の関係にあったといわれ、反発した諸侯にギャヴィストンを殺害された後は、ウィンチェスター伯ディスペンサー父子を寵愛し、こちらも諸侯の反発を買うことになる。

　本作では、エドワード 2 世と政略結婚した王妃イザベラはウォレスと恋に落ち、彼の子供を身ごもるが、実際には彼女とウォレスとの面識はなかった。ウォレスが処刑されたとき、イザベラはわずか 3 歳でフランスに暮らしていたので、ふたりの関係はまったくのフィクション。また、ウォレスの時代はキルトを着用する習慣はなく、顔に青の装飾をするのも古代ケルト人の習慣なので、これも映画化にあたっての演出という。

　しかし、エドワード 2 世夫妻が不仲だったのは事実で、イザベラは諸侯の支持を得て、エドワード 2 世とディスペンサー父子を相手にクーデターを起こし、ディスペンサー親子を処刑、議会の決議によりエドワード 2 世は廃位となった。エドワード 2 世は廃位になった最初のイングランド王であり、幽閉された後にイザベラの命により、殺害されるという悲惨な最期を遂げている。

　ともあれ、エドワード 2 世とイザベラ妃の間に生まれた息子エドワードは 14 歳でエドワード 3 世（在位 1327～1377）として即位。当初は、母親イザベラとその愛人でウェールズ辺境諸侯のひとり、マーチ伯ロジ

ャー・モーティマーの傀儡政権だったが、エドワード 3 世は成人後に
モーティマーを処刑し、イザベラは政界から引退。新政を開始したエド
ワード 3 世は、貴族や議会とも比較的うまい関係を続け、50 年という
長きにわたり治世を行った。

　エドワード 3 世といえば、百年戦争を始めたイングランド王で、薔
薇戦争とも深い関係がある。百年戦争・薔薇戦争については、後ほど説
明するので、エドワード 3 世の名前をぜひ覚えておいていただきたい。

サントラ

『アポロ 13』、『タイタニック』、『アバター』など大作を手がけた米作
曲家ジェームズ・ホーナーによるサウンドトラック。演奏はロンドン交
響楽団。映画と同様にサントラも大ヒット。アカデミー音楽賞にもノミ
ネートされた。スコットランド音楽・ケルト音楽を取り入れた哀愁あふ
れる旋律が印象的だ。

PICK UP ⑩ イングランドとフランスが戦った百年戦争

ホロウ・クラウン／嘆きの王冠 シーズン1

THE HOLLOW CROWN *2012*

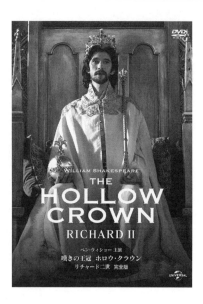

DATA

◉ **監督**
ルパート・グールド、リチャード・エ
アー、テア・シャロック、ドミニク・
クック

◉ **脚本**
ルパート・グールド、ベン・パワー
ほか

◉ **出演**
ベン・ウィショー、ロリー・キニア、
パトリック・スチュワート、デヴィッ
ド・スーシェ、ジェレミー・アイアン
ズ、トム・ヒドルストン、サイモン・
ラッセル・ビール、ジュリー・ウォル
ターズ、ジョン・ハートほか

◎ **あらすじ**

リチャード２世、ヘンリー４世、ヘンリー５世の３人のイングラン
ド王と百年戦争の過程を描く。全４話。『リチャード２世』ではプラン
タジネット朝リチャード２世の盛衰、『ヘンリー４世　パート１・２』で
はランカスター朝を開いたヘンリー４世の苦悩と長男ハル王子の放蕩、
ハル王子のヘンリー５世としての即位、『ヘンリー５世』ではヘンリー
５世と百年戦争の戦いを描く。

◎ **見どころ**

ウィリアム・シェイクスピアの史劇四部作『リチャード２世』『ヘン

リー4世 第1部』『ヘンリー4世 第2部』『ヘンリー5世』を映像化し
たBBC制作のドラマ・シリーズ。2012年に開催されたロンドン五輪に
関連して行われた英国文化の祭典「カルチュラル・オリンピアード」の
一環として製作された。日本では『【劇場版】嘆きの王冠 ～ホロウ・ク
ラウン～』というタイトルで、シリーズ1・2の全7編が劇場公開され
ている。英国俳優総出演というべき豪華キャストの競演で、2013年の
BAFTAテレビジョン・アワード（英国アカデミー賞テレビ部門）でベン・
ウィショーが主演男優賞、サイモン・ラッセル・ビールが助演男優賞を
獲得した。映像やコスチューム、舞台セットの美しさなど、ドラマとし
ての完成度が高く、見終わった後の満足度も高い。史実と異なったり、
シェイクスピア史劇からさらに脚色が加えられたりしている部分も多い
が、歴史の流れはこれでおおむねカバーできる。

◎時代背景
プランタジネット朝のリチャード2世

『ホロウ・クラウン／嘆きの王冠 シリーズ1』のストーリーに沿っ
て、プランタジネット朝からランカスター朝への変遷と百年戦争の過程
をたどってみよう。
　1作目は、ベン・ウィショー（『007』シリーズ）が演じるリチャード2
世（在位1377～1399）の物語だ。祖父であるエドワード3世の死後、わ
ずか10歳で即位したリチャード2世（ベン・ウィショー）は叔父である
ランカスター公ジョン・オブ・ゴーント（パトリック・スチュアート）の
補佐を受けていたが、成人すると寵臣を中心にした親政を行うようにな
り、ジョン・オブ・ゴーントは遠ざけられる。そのうえ、ジョンの息子
ヘンリー・ボリングブローク（ロリー・キニア）は、トマス・モウブレー
（ジェームズ・ピュアフォイ）との対立がきっかけで、リチャードにより国
外追放にされる。財政困難でアイルランド遠征の戦費に困っていたリチ

リチャード2世の戴冠式

ャードは、ジョン・オブ・ゴントが亡くなると、その広大な土地と財産を没収、ボリングブロークの領地相続を奪った。これはさすがに王が横暴すぎた。諸侯は王に反発し、急遽帰国したボリングブロークは挙兵、諸侯をまとめて反乱を起こす。アイルランドから戻ったリチャード2世はあっさりと降伏、王位を追われて廃位となる。ヘンリー・ボリングブロークは、ヘンリー4世（在位1399〜1413）として即位。リチャードはロンドン塔に幽閉された後、家臣オーマール（トム・ヒューズ）に矢を射られ絶命する……。

　実際のリチャード2世の死因については、自殺・他殺・餓死など諸説ある。幼いときに即位したリチャードにしてみれば、自分が王ではないという世界はありえないわけで、それだけに王冠を譲った後のリチャードの悲しみや絶望がなおさら心に迫る。中世の宗教画のような衣装と装飾、色味を抑えた淡い色調の映像の美しさ、聖セバスチャンのイメージを絡めた演出なども素晴らしく、ほぼ出ずっぱりのベン・ウィショーが繊細と威厳、幼稚と傲慢、神々しさと儚さが同居するリチャード2世を見事に演じ、秀逸なドラマになっている。

プランタジネット朝からランカスター朝へ

『ホロウ・クラウン　ヘンリー四世　パート1・2』はヘンリー4世と息子ハル王子の物語である。ここではジェレミー・アイアンズ（『バット

マン vs スーパーマン ジャスティスの誕生』）がヘンリー4世、息子のハル王子をトム・ヒドルストン（『ナイト・マネージャー』）が演じる。

　リチャード2世の死により、アンジュー帝国と謳われたプランタジネット朝が終焉を迎え、ランカスター朝が始まる。しかしヘンリー4世の治世は決して安泰ではなかった。従兄のリチャードに対して反乱を起こして自分が王位についた負い目や、スコットランドとウェールズの反乱、諸侯から王位を奪われるかもしれない不安に苦しむが、一番の悩みの種は息子のハル王子だ。ハル王子は酒場に入り浸り、悪友フォルスタッフ（サイモン・ラッセル・ビール）らと自由気ままな生活を送っている。そんなとき、ハリー・ホットスパー・パーシー（ジョー・アームストロング）とその父ノーサンバランド伯ヘンリー・パーシー（アラン・アームストロング）が反乱を起こす。ハル王子はシュルーズベリーの戦いでホットスパーを打ち破り、王軍に勝利をもたらした。

　『ヘンリー四世 パート2』で、国王親子は和解するが、ヘンリー4世は病死。1413年、厳かに戴冠式が行われ、ハル王子はヘンリー5世（在位1413〜1422）として即位する。ハル王子を演じるトム・ヒドルストンの魅力とフォルスタッフ役サイモン・ラッセル・ビールの道化ぶりが面白い。フォルスタッフはシェイクスピア史劇に登場する架空のキャラクターだ。ハル王子は下町の居酒屋で悪仲間と放蕩生活を送っていたが、即位した後、昔の仲間たちは切り捨てられた存在になる。

　本作ではヘンリー4世が息子ハル王子との確執に苦悩する姿が描かれているが、実際にふたりは対フランス戦略をめぐって対立していたという。

フォルスタッフとハル王子

リチャード2世の時代にイングランドは百年戦争の休戦協定を結んでおり、ヘンリー4世もフランスに軍事介入するのは乗り気でなかったが、このとき、フランスはブルゴーニュ派とアルマニャック派が対立する内戦の最中で、ヘンリー王太子（ハル王子）は北フランスを征服するチャンスと考え、戦争に積極的だったからだ。

イングランド王最強の名将、ヘンリー5世と百年戦争

『ホロウ・クラウン　ヘンリー5世』の解説の前に百年戦争について簡単にまとめてみよう。

百年戦争は、もともとリチャード2世の祖父、エドワード3世の時代に始まっている。フランスでは、1328年にシャルル4世が子供を残さずに死去、分家筋のヴァロワ伯がフィリップ6世として即位し、カペー朝からヴァロワ朝に移行した。しかし、エドワード3世の母イザベラ（『ブレイブハート』でソフィー・マルソーが演じた）はカペー家の本家筋であることから、エドワード3世はフランスの王位継承権を主張。1337年にフランス王位を請求して戦争を宣言した。1453年まで断続的に行われたイングランドとフランスの戦いは百年戦争と呼ばれる。

エドワード黒太子

百年戦争中、イングランド軍にはふたりの有能な武将が登場した。ひとりは、エドワード3世の息子にして、リチャード2世の父親、エドワード黒太子（Edward the Black Prince）だ。いつも黒色の甲冑・鎧を見に付けていたため にこの名で呼ばれたと言われる。エドワード黒太子は16歳にしてクレシーの戦

いに参戦。ポワティエの戦いでは、フランス王ジャン2世を捕虜にして身代金を要求するなどの活躍をした。しかし父エドワード3世に先立って病没、イングランド王になることはなかった。

ヘンリー5世

そして、もうひとりの武将がヘンリー5世だ。ランカスター朝のヘンリー5世は、日本で習う世界史ではあまり馴染みのない王だが、英国ではシェイクピア劇の影響もあって、とても人気がある。アザンクール（英語ではアジンコート）の戦いでイングランド軍に勝利を導いた名将であり、卓越したリーダーシップを示したことでも知られる。

『ホロウ・クラウン　ヘンリー5世』は、百年戦争でのヘンリー5世の活躍を中心に描く。引き続き、ヘンリー5世役はトム・ヒドルストン。『オセロ』『コリオレイナス』など数多くのシェイクスピア劇で高い評価を受ける彼が、名君ヘンリー5世の姿を華麗に演じる。

物語はヘンリー5世の葬式の場面から始まる。語りのコラス（ジョン・ハート）の回想により、舞台は数年前に戻る。今や悪友のフォルスタッフは亡くなり、放蕩生活を送っていたヘンリー5世（トム・ヒドルストン）も立派な国王になっていた。白馬に赤いマントをなびかせて颯爽と登場するヘンリーは、カンタベリー大司教やエクセター公ら重臣と協議し、フランス遠征を決める。

物語のハイライトは、アザンクールの戦いだ。1415年、フランスに上陸したイングランド軍はアルフルール要塞を陥落させるが、長期にわたる包囲戦で兵士たちは疲弊していた。ここでフランス諸侯軍が追撃し、アザンクールの野で戦いとなる。およそ6000人のイングランド軍

に対し、フランス軍はその 6〜8 倍ともいわれ、数の上では圧倒的に不利であったが、長弓（ロングボウ Longbow）隊の活躍と泥でぬかるんだ地形の利も手伝ってイングランド軍の勝利となる。

　ヘンリー 5 世はフランス王シャルル 6 世の娘キャサリン（フランス名カトリーヌ）王女に求婚、トロワ条約を結んでフランス王位継承権を獲得した。これで、イングランドとフランスを共に統治するという長年のイングランド王の悲願を達成したかに思われたが、その栄光は長く続かなかった。1422 年、ヘンリー 5 世はフランス遠征の途中で赤痢にかかり、34 歳の若さで急死。ドラマは冒頭にもあった葬式シーンに戻り、ヘンリー 5 世の亡骸を俯瞰し、物語は終わる。

　本作では、アザンクールの戦いで、数の上ではフランスに劣るイングランド軍を励まし、鼓舞するためにヘンリー 5 世が行う有名な「聖クリスピアンの日の演説」のシーンや、ヘンリー 5 世がキャサリン王女に求婚する微笑ましいシーンなど、見どころもたっぷりある。

　ハル王子時代の放蕩息子ぶり、対フランス戦でイングランド軍に勝利をもたらした司令官、そして志半ばにして世を去った悲劇のイングランド王。こういったところが、英国人にとってのヘンリー 5 世の人気のポイントだろうか。

─────────── **参考になる作品** ───────────

『キング』（2019）　Netflix オリジナル映画。シェイクスピア史劇『ヘンリー 5 世』をもとに、ティモシー・シャラメ主演で、若き王の孤独や苦悩を絡めながら新しいヘンリー 5 世像を描く。

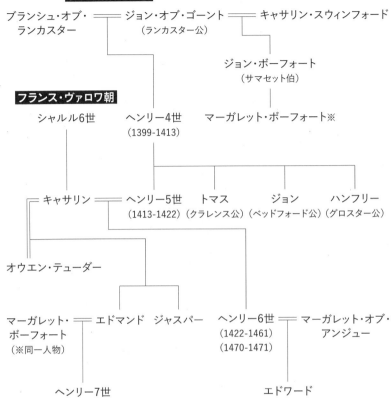

ホロウ・クラウン／嘆きの王冠 シーズン2

THE HOLLOW CROWN: THE WARS OF THE ROSES *2016*

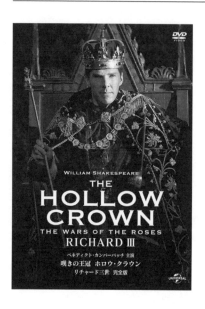

DATA

◉ **監督**
ドミニク・クック

◉ **脚本**
ベン・パワー

◉ **出演**
トム・スターリッジ、ソフィー・オコネドー、ヒュー・ボネヴィル、サリー・ホーキンス、エイドリアン・ダンバー、ベネディクト・カンバーバッチ、アンドリュー・スコット、マイケル・ガンボン、キーリー・ホーズ、ジュディ・デンチほか

◉ あらすじ

　ヨーク家とランカスター家が争った薔薇戦争を描く。『ヘンリー6世 PART 1・2』では、ヘンリー5世亡き後、幼くしてイングランド王になったヘンリー6世の運命を中心に、ヨーク派とランカスター派の対立、それに続くエドワード4世の即位をたどる。『リチャード3世』では、ヨーク家三兄弟の末弟リチャードの興隆と死をつづっていく。

◉ 見どころ

　『ホロウ・クラウン』のシーズン2は、シェイクスピアの史劇『ヘンリー6世 第1部』『ヘンリー6世 第2部』『ヘンリー6世 第3部』『リ

チャード3世』をもとに、『ヘンリー6世　PART 1』『ヘンリー6世 PART 2』『リチャード3世』の全3話構成で送る。全編を通して薔薇戦争の過程を描いており、残虐な殺し合いの描写がある戦闘シーンを含んだ戦国ドラマになっている。ボズワースの戦いの後に残る無数の死体を俯瞰しながらドラマは終わり、戦争の悲しさと虚しさを伝える。

　前作に引き続き、人気の英国俳優による豪華キャストで、映画『パディントン』でブラウン夫婦を演じたヒュー・ボネヴィルとサリー・ホーキンスが本作で夫婦役なのも注目だ。

◉**時代背景**
シェイクスピア史劇で描かれる薔薇戦争までの道のり

　シェイクスピア史劇を映像化する『ホロウ・クラウン』の続編のテーマは薔薇戦争だ。

　百年戦争終結からわずか2年後の1455年から1485年までの30年間、イングランドの大貴族であるランカスター家とヨーク家が争ったのが薔薇戦争である。ヨーク家が白薔薇、ランカスター家が赤薔薇の紋章を持つことから後年になって名づけられた。薔薇戦争については、さまざまな貴族が関連し、途中で寝返ったり、同名のリチャード、ヘンリー、エドワードが何人も登場したりでかなり複雑だ。

　シェイクスピア史劇は史実と異なる部分が多々あり、本作ではさらに元の戯曲からも変更を加えられているが、薔薇戦争の流れは大体これでカバーできる。ここでは、『ホロウ・クラウン』のストーリーに沿って、その過程をたどってみよう。

　『ホロウ・クラウン　ヘンリー6世 PART 1』は前作に続いて、ヘンリー5世の葬式シーンで始まる。

　生後9ヵ月で即位したヘンリー6世（在位1422〜1461、1470〜1471）は信心深く平和主義だが意志の弱い王で、護国卿をつとめる叔父のグロ

ヨーク家とランカスター家が戦った薔薇戦争 ⑪

79

ヘンリー6世

スター公ハンフリー（ヒュー・ボネヴィル）の助けを得て治世を行っていた。宮廷では大貴族たちが対立しあい、緊張が高まっている。ハンフリーはウィンチェスター司教（サミュエル・ウェスト）と反目、新たにヨーク公に叙せられたリチャード・プランタジネット（エイドリアン・ダンバー）は、サマセット公エドムンド・ボーフォート（ベン・マイルズ）やサフォーク公ウィリアム・ド・ラ・ポール（ジェイソン・ワトキンス）らと対立する。ヨーク公リチャードは叔父のマーチ伯エドマンド・モーティマー（マイケル・ガンボン）の今際の際に、祖父ロジャー・モーティマーがリチャード2世から正式に王位継承者に指名されていたことを知らされたため、王位継承を主張するに至る。

　このように貴族たちが対立する状況のなかで、対フランス戦争が上手くいくはずもなく、イングランド軍は苦戦。神のお告げを聞いた羊飼いの娘ジャンヌ・ダルク（ローラ・フランシス＝モーガン）はオルレアンの戦いで活躍するが、イングランド軍に捕らえられて火あぶりの刑になる。サマセット公は捕虜にしたアンジュー公国の王女マーガレット（ソフィー・オコネドー）と恋に落ち（ただし、この関係はフィクション）、ふたりは策略を企んで、マーガレットはヘンリー6世（トム・スターリッジ）と結婚、気弱な国王を操るようになる。また、宮廷で女の権力争いをするマーガレットの陰謀により、グロスター公夫人（サリー・ホーキンス）

は逮捕される。

　一方、百年戦争の戦況が不利になる知らせが伝えられると、グロスター公ハンフリーは和平派の工作により、大逆罪でロンドン塔に送られ暗殺される。ヨーク公リチャードは、強力な支持層を持つウォリック伯リチャード・ネヴィル（スタンリー・タウンゼント）の支援を得て、ランカスター派に対して挙兵。和平派のランカスター家と戦争継続派のヨーク家のどちらの家が権力を掌握するかをめぐる武力戦争に突入していく。

シェイクスピア史劇で描かれる薔薇戦争

　『ホロウ・クラウン　ヘンリー 6 世 PART 2』では、いよいよ薔薇戦争が始まる。ランカスター派の中心は、ヘンリー 6 世、マーガレット妃、サマセット公、サフォーク公。一方のヨーク派の中心はヨーク公リチャードとウォリック伯だ。

　ヘンリー 6 世とヨーク公リチャードは共にエドワード 3 世の末裔であり、イングランド王になる正当な血筋を持っていた。

　1455 年にセント・オールバーンズの戦いでサマセット公は戦死、サマセット公の死に復讐を誓うマーガレット妃はランカスター軍を率いてリチャードを急襲し、ヨーク公リチャードは惨殺される（史実では 1460 年にウェイクフィールドで戦死）。

　ヨーク公リチャードの死後、ウォリック伯とヨーク公の息子である三兄弟のエドワード（ジョフリー・ストリートフェイルド）、ジョージ（サム・トゥルートン）、リチャード（ベネディクト・カンバーバッチ）が、タウトンの戦いでランカスター派を打ち破る。ヘンリー 6 世は精神錯乱状態になり、王冠を捨てて野山をさまよった後にロンドン塔に幽閉される。1461 年にヨーク家のエドワードがエドワード 4 世（在位 1461～1483）として即位、ヨーク朝が始まる。ここまでが第 1 次内乱だ。

　第 2 次内乱では、ヨーク派の中心人物だった大貴族ウォリック伯リ

チャード・ネヴィルが、エドワード 4 世とエリザベス・ウッドヴィル（キーリー・ホーズ）の秘密結婚をめぐって王と対立。ウォリック伯リチャードは王弟クラランス公ジョージと共に寝返り、一時期、復位したヘンリー 6 世の側近となり、フランスに亡命したランカスター派のマーガレット王妃と組んで反乱を起こす。テュークスベリーの戦いで、エドワード 4 世のヨーク軍はマーガレット妃とエドワード王太子率いるランカスター家の軍を破り、ウォリック伯（史実ではバーネットの戦いで戦死）と王太子は戦死、幽閉されていたヘンリー 6 世も殺害される。

『ホロウ・クラウン　ヘンリー 6 世 PART 2』の終盤から『リチャード 3 世』にかけては、ベネディクト・カンバーバッチ演じるグロスター公リチャードの独壇場だ。リチャードは、巧みな話術で周りの人間同士が不信感を持つようにかき回し、着々と権力を築き上げていく。リチャードはウォリック伯の次女でランカスター派エドワード王太子妃だったアン（フィービー・フォックス）と結婚。クラランス公ジョージはテュークスベリーの戦いでヨーク派に復帰していたが、エドワード 4 世への謀反を疑われて処刑される。エドワード 4 世が病死後、護国卿になったリチャードは王妃エリザベスの親族を次々に処刑、12 歳の若王エドワード 5 世（在位 1483）とその弟は私生児で王位継承の資格はないとしてロンドン塔に幽閉して暗殺、リチャード 3 世として即位する。

　第 3 次内乱は、リチャード 3 世とリッチモンド伯ヘンリー・テューダー（ルーク・トレッダウェイ）の争いだ。フランスに亡命していたランカスター家最後の男子であるヘンリーは 1485 年に挙兵。ドラマのなかで描かれるボズワースの戦いでは、味方の裏切りにあったリチャードが、マーガレット、エリザベス、母シシリーほか、今まで殺した人たちの亡霊からの呪いを受け、「絶望して死ぬ」の言葉通りに戦死。リッチモンド伯ヘンリーはヘンリー 7 世として即位。エドワード 4 世の王女エリザベス・オブ・ヨークとの結婚により、ヨーク家とランカスター家

がひとつになって薔薇戦争が終了、テューダー朝が始まる。

悪名高いリチャード3世は悪人だったのか

『ホロウ・クラウン』では、ベネディクト・カンバーバッチ（『SHERLOCK（シャーロック）』）が、コンプレックスが強いゆえに誰も愛することができず、野望のためには邪魔になる人間は片っ端から殺していくという悪名高き王リチャード3世を怪演する。「第4の壁」を破ってこちらに向かって独白する姿は圧倒的な存在感だ。

　しかし、実在のリチャード3世が本当にこのようなキャラクターだったのは定かではない。

　同じく薔薇戦争を描いたBBCの歴史ドラマ『ホワイト・クイーン 白薔薇の女王』に登場するリチャード3世は、シェイクスピア史劇と全く異なる人物像で描かれる。こちらのリチャードは、兄エドワード4世に忠誠を誓い、ヨーク家三兄弟としての誇りを持ち、妻アン・ネヴィルに献身的な愛を捧げ、甥のエドワードとリチャードの幼い兄弟にも心配りをするキャラクターなのだ。このふたつの作品は、ほぼ同じ時代、同じ人物を描きながら、まったく異なる解釈と世界観なのがとても面白い。

　リチャード3世の評価が現在でもあまり良くないのは、そもそもシェイクスピアの描いたリチャード3世像の影響が強いといわれる。

　シェイクスピアのパトロンは、エリザベス1世。リチャード3世を

リチャード3世

リチャード 3 世の遺骨

倒したヘンリー 7 世はエリザベスの祖父にあたる。つまり、テューダー朝の祖であるヘンリーの王位継承権を正当化し、リチャード 3 世を悪人にするというテューダー朝礼賛のプロパガンダ及び忖度とも考えられている。

『ホロウ・クラウン』のリチャード 3 世は、兄、妻、家臣などを次々に陥れて殺していくが、なかでも一番有名なのが、エドワード 4 世の子供、つまり自身の甥である幼い兄弟をロンドン塔で殺害したというエピソードだ。しかしながら、これも実際のところ何が起こったかはわかっていない。『ホワイト・クイーン』で描かれるリチャード 3 世はまったくの無実という設定になっている。

　結局、幼い兄弟は殺害されたのか、リチャード 3 世が命令したのかどうかは、今でも明らかになっていない。

　ボズワースの戦いで戦死したリチャードの遺体は裸にされてレスターに運ばれ、さらしものにされたという。それから 500 年余りを経た

2012年、レスター市内の駐車場から遺骨が発掘され、それが何とリチャード3世のものであることが判明した。記念式典ではリチャード3世と血縁関係であるというベネディクト・カンバーバッチが詩を朗読した。

　プランタジネット家ヨーク派の最後の王にして、戦場で討死した最後のイングランド王になったリチャード3世。はたして彼は悪人だったのか？　『ホロウ・クラウン』と『ホワイト・クイーン』を見比べてみて、リチャード3世の真の姿を想像していただければと思う。

─────────────── 参考になる作品 ───────────────
『ホワイト・クイーン 白薔薇の女王』(2013)　英作家フィリッパ・グレゴリーの原作をもとに、エドワード4世の王妃エリザベス・ウッドヴィル、ヘンリー・テューダーの母マーガレット・ボーフォート、リチャード3世の王妃アン・ネヴィルの3人の女性が薔薇戦争を生き抜く姿を描く。

─────────────── サントラ ───────────────
　映画『レディ・マクベス』を手がけ、英ポスト・トリップホップ・グループのアルファのアルバムにも参加している英作曲家、ダン・ジョーンズがサウンドトラックを手がける。演奏はBBCナショナル・オーケストラ・オブ・ウェールズ。

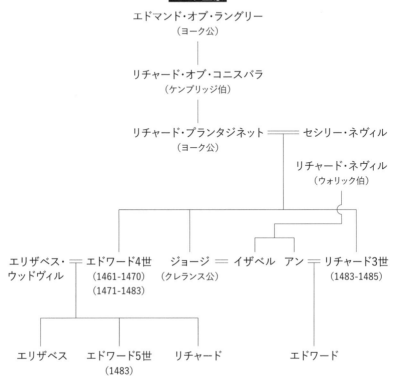

ヨーク王家

エドマンド・オブ・ラングリー
（ヨーク公）

リチャード・オブ・コニスバラ
（ケンブリッジ伯）

リチャード・プランタジネット ══ セシリー・ネヴィル
（ヨーク公）

リチャード・ネヴィル
（ウォリック伯）

エリザベス・ ══ エドワード4世　　ジョージ ══ イザベル　アン ══ リチャード3世
ウッドヴィル　　（1461-1470）　（クレランス公）　　　　　　　　　　（1483-1485）
　　　　　　　（1471-1483）

エリザベス　　エドワード5世　　リチャード　　　　　エドワード
　　　　　　　（1483）

マーガレット・オブ・アンジュー

マーガレット・オブ・アンジュー

シェイクスピア史劇のなかで、さまざまな陰謀を図り、鎧兜を装着し先頭に立って軍隊を指揮、リチャード３世に壮絶な復讐を誓うのが、ヘンリー６世の妻マーガレット・オブ・アンジューだ。このマーガレット王妃、実際にも猛烈な女傑だったようだ。

マーガレット（フランス名マルグリート）は、フランスのロレーヌ公・アンジュー公の次女として生まれた。16歳のときに政略結婚でヘンリー６世と結婚。薔薇戦争が始まると、優柔不断な夫の代わりに自らランカスター派の軍を自ら率いて戦争を指揮した。ヨーク派によりヘンリー６世がロンドン塔に幽閉され、ヨーク家のエドワード４世が即位すると、息子のエドワード王太子をつれて、フランスに亡命した。

1470年にエドワード４世の弟クラレンス公ジョージとウォリック伯がクーデターを起こしてヘンリー６世を復位させ、再び政局が不安定になると、1471年にエドワード王太子を王位継承者として立て、イングランドに戻る。しかし、テュークスベリーの戦いでエドワード王太子は殺害され、幽閉中の夫のヘンリー６世も殺された。その後、マーガレットはロンドン塔などに監禁される。

シェイクスピア劇のなかのマーガレットは、イングランド王となった

リチャード 3 世に呪いの言葉をかけて苦しめるが、これはフィクション。実際には従兄であるルイ 11 世が身代金を支払って監禁から釈放され、リチャード 3 世が即位するより前にフランスに帰国。53歳でアンジューにて死亡した。

第三章 近世のイギリス

テューダー朝
スチュアート朝
ハノーヴァー朝

PICK UP ⑫テューダー朝のはじまり

ホワイト・プリンセス エリザベス・オブ・ヨーク物語

THE WHITE PRINCESS *1995*

DATA

◉監督
ジェイミー・ペインほか
◉脚本
エマ・フロストほか
◉出演
ジョディ・カマー、ジェイコブ・コリンズ＝レヴィ、エシー・デイヴィス、ミシェル・フェアリーほか

◉あらすじ

　薔薇戦争末期の15世紀のイングランドを舞台に、ボズワースの戦いで勝利したランカスター家のヘンリー・テューダーと政略結婚することになったヨーク家の長女エリザベスの運命を描く。

◉見どころ

　フィリッパ・グレゴリーの小説『The White Princess』を映像化したドラマ・シリーズ。エリザベス・ウッドヴィルが主人公のBBCドラマ『ホワイト・クイーン 白薔薇の女王』の続編に当たる。全8話。本作ではBBCに代わって米Starzが制作。また、スピンオフとして、『スパニ

ッシュ・プリンセス キャサリン・オブ・アラゴン物語』がある。

　撮影はソールズベリー大聖堂、グロスター大聖堂、バークリー城などで行われ、前作に引き続き、舞台セットや衣装、ヘアスタイルなどのデザイン色調がとても美しく、ランカスター朝からテューダー朝にかけてのファッションの移り変わりを見るのも楽しい。

◉時代背景
テューダー朝のはじまり

　物語は前作『ホワイト・クイーン』のラストシーン、ボズワースの戦いから始まる。ジョディ・カマー（『キリング・イヴ』）扮するエリザベス・オブ・ヨークがこのドラマの主人公だ。エリザベスはエドワード4世とエリザベス・ウッドヴィル（エシー・デイヴィス）の長女で、ヨーク家の王位継承者である。好意を抱いていた叔父のリチャード3世を含む一族を滅亡に追いやった敵であるテューダー家のヘンリー7世（ジェイコブ・コリンズ＝レヴィ）と政略結婚することになったエリザベス。やがてヘンリーの子供を身ごもるが、母親のエリザベス・ウッドヴィルやヘンリーの母マーガレット・ボーフォート（ミシェル・フェアリー）を中心とする両家の敵対心と政治的陰謀は根強く残っていた。最初は反発しあっていたエリザベスとヘンリーは愛し合うようになり、長男アーサー、次男へ

エリザベス・オブ・ヨーク

ヘンリー7世

ンリーなど子宝にも恵まれる。エリザベスは愛する夫と子供のために、ヨーク家ではなく、テューダー家の人間として生きることを決意する……。

リチャード3世との戦いに打ち勝ったヘンリー7世とは

　ボズワースの戦いで勝利しイングランド王になったテューダー家のヘンリーとはどのような人物だったのだろう。

　百年戦争で活躍したヘンリー5世を覚えているだろうか。ヘンリー5世が病死し、若くして未亡人となったキャサリン・オブ・ヴァロワは、自身の秘書官だったオウエン・テューダーと密かに結婚をする。オウエン・テューダーは12世紀のウェールズ王の血を引く従騎士（下級貴族）で、二人の間には、4人の子供が生まれるが、その長男エドマンドがヘンリー7世の父親である。エドマンドは、ヘンリー6世の異父弟にあたり、王からリッチモンド伯の称号を与えられていた。ヘンリー7世の母は、ランカスター派のマーガレット・ボーフォート。彼女はエドワード3世の三男ジョン・オブ・ゴーントの庶子である初代サマセット伯ジョン・ボーフォートの孫。つまりマーガレットがジョン・オブ・ゴーントの曽孫であることから、ヘンリー・テューダーのイングランド王位継承権を主張するに至る。

　薔薇戦争でヘンリー6世とエドワード王太子が殺されると、最後のランカスター派の生き残り男子であるヘンリーはヨーク派の手を逃れる

ために、フランスのブルターニュに亡命した。その後、ヘンリーはフランス王の支援を得て、ランカスター派の拠点があるウェールズのペンブルックシャーに上陸、1485年にボズワースの戦いでリチャード3世に勝利し、テューダー朝の初代イングランド王となった。

　リチャード3世に勝ったとはいうものの、ヘンリーが正当な王位継承者を主張するには少々立場が弱かった。元を正せば先祖はウェールズの下級貴族出身であり、母マーガレット・ボーフォートの祖父も庶子だったからだ。このため、ヨーク家の世継ぎであるエリザベスと結婚することが、正当な王位を継承するためにも必要だったのである。この結婚により、ヨーク家とランカスター家が晴れてひとつになり、30年にわたる薔薇戦争が終結する。

　百年戦争から薔薇戦争へと、130年にもわたって戦いが続いた結果、イングランドでは古くから続いた家柄のある大貴族たちが互いにつぶし合う結果になり、その流れで相対的に王権が強くなり、テューダー朝絶対王政への布石が置かれることになった。

　ヘンリーとエリザベスには8人の子供が生まれたが、成人したのは長男アーサー、長女マーガレット、次男ヘンリー、次女メアリーの4人。マーガレットはスコットランド王ジェームズ4世と結婚、メアリーはフランス王ルイ12世と結婚、後に初代サフォーク公チャールズ・ブランドンと結婚した。アーサーが急死したため、父の死後はヘンリーがヘンリー8世（在位1509〜1547）として即位する。

───────── サントラ ─────────

　前編『ホワイト・クイーン』に引き続き、『ダウントン・アビー』などで有名なスコットランドの作曲家、ジョン・ランがサウンドトラックを手がける。『ホワイト・クイーン』と同じテーマソングをはじめ、美しいハープの旋律を中心にした繊細な音世界が展開する。

テューダー王家

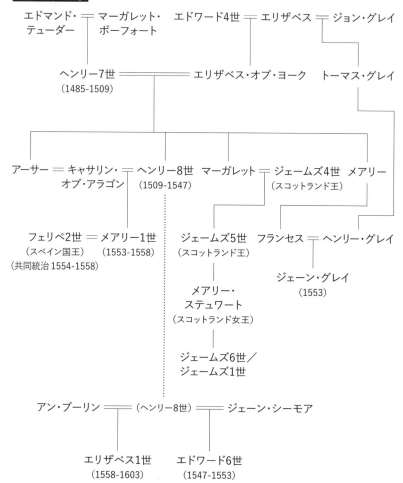

ウルフ・ホール

WOLF HALL *2015*

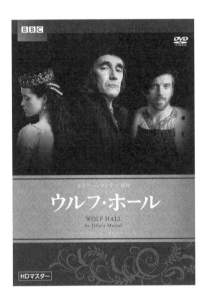

DATA

⊙ **監督**
ピーター・コズミンスキー
⊙ **脚本**
ピーター・ストローハン
⊙ **出演**
マーク・ライランス、ダミアン・ルイ
ス、クレア・フォイ、ジョナサン・プ
ライス、バーナード・ヒル、マーク・
ゲイティスほか

⊙ **あらすじ**

　16世紀のイングランドを舞台に、ヘンリー8世の寵臣になったトマ
ス・クロムウェルが、ヘンリー8世と愛人アン・ブーリンの結婚問題
をめぐり、ローマ・カトリック教会と対立して宗教改革を行っていく過
程を描く。

⊙ **見どころ**

　ヒラリー・マンテル原作の歴史小説『ウルフ・ホール』『罪人を召し
出せ』を映像化したBBCドラマ。全6回。第73回ゴールデングロー
ブ賞作品賞（ミニシリーズ／テレビ映画部門）を受賞した。

抑え目の音楽や色調でストーリーは淡々と進んでいくが、それがかえって今作の重厚さを引き立て、熟成されたワインや年代物のウイスキーのような芳醇な味わいを醸し出している。時代考証もしっかりしており、キャンドルの光のみの暗い室内や、食事中にナプキンを肩にかけ、ナイフやフォークを使わずに手で食べる所法など細かいところまで時代感を再現しているのもいい。シーズン2の製作も予定されている。

◎時代背景

ヘンリー8世とトマス・クロムウェルの宗教改革

テューダー朝のおよそ100年間に及ぶ治世を通じて争点になったのが宗教改革だが、なかでも最大の改革はヘンリー8世がローマ・カトリック教会と決別して、イングランド国教会を開いたことである。これに深く関係していたのが、ヘンリー8世の重臣トマス・クロムウェルである。

トマス・クロムウェル

『ウルフ・ホール』は、この過程をトマス・クロムウェルの視点から綴っていくドラマだ。主人公クロムウェル役を演じるのはマーク・ライランス（『ダンケルク』）。クロムウェルといえば、ヘンリー8世の寵臣として政敵を次々に倒していく野心家・策略家として描かれることが多いが、本作のクロムウェルは冷静で頭脳明晰、自分の感情を抑えながら主人に仕える忠実な人

物。ライランスが表情の少し
の変化や体の微妙な動きな
どで感情を表現するのが見
事だ。

　イングランド国教会確立ま
での流れを本作に沿ってたど
ってみよう。

　1529年、ヘンリー8世（ダ
ミアン・ルイス）は即位し、
兄アーサーの未亡人であるス
ペイン王女キャサリン・オ
ブ・アラゴンと結婚するが、
男子に恵まれない。世継ぎを
熱望するヘンリーは、キャサ
リンの侍女だったアン・ブー
リン（クレア・フォイ）との正

風刺小説『ユートピア』の著者としても
知られるトマス・モア

式結婚を熱望する。ヘンリーはトマス・ウルジー枢機卿（ジョナサン・
プライス）を通して、ローマ教皇に対し、キャサリンとの結婚無効を申
し立てるが、ローマ教皇は離婚を許さなかった。キャサリンはカトリッ
ク教徒であり、彼女の甥の神聖ローマ帝国兼スペイン国王カール5世
がローマ教会に圧力をかけたのだ。事はなかなか進まず、ウルジー枢機
卿は失脚する。

　一方、ウルジーの秘書を務めていたクロムウェルは、失脚したウル
ジーを救うために奔走。ウルジーの家業は肉屋、クロムウェルは鍛冶
屋（毛織物業者ともいわれる）と共に平民出身だったこともあって、ウル
ジーはクロムウェルを抜擢し懇意にしていたのだ。クロムウェルは逆に
ヘンリー8世から信頼を得て、王の重臣となる。やがて、クロムウェ
ルの働きにより、ローマ教皇庁へ直接上告することを禁じる「上告禁止

ヘンリー8世

法」が議会で成立。反対派のトマス・モア前大法官（アントン・レッサー）は反逆罪で処刑となり、カンタベリー大司教トマス・クランマがヘンリーとキャサリンの婚姻を無効としてアンとの結婚が認められる。

ヘンリー8世はイングランド国教会を確立し、1534年には、国王がイングランド国教会の「唯一最高の首長」と規定した「国王至上法」が発令される。

大変な犠牲のうえに実現したヘンリーとアン・ブーリンの結婚だが長続きしなかった。ヘンリーはすでにジェーン・シーモア（ケイト・フィリップス）に心移りしていたのだ。クロムウェルはジェーンとの結婚を進めたいヘンリーを支持し、アン・ブーリンを処刑に追いやる。『ウルフ・ホール』はアン・ブーリンの斬首シーンで終了する。

本編では描かれていないが、この後トマス・クロムウェル自身もヘンリーの4番目の妻との結婚をめぐってヘンリーの怒りを買い、周囲から謀叛罪を着せられ斬首刑になる。ヘンリー8世のために身を尽くして働いた寵臣でさえ、この扱いを受けるのだから、誰の身が安全かもわからないという世の中だったのがうかがわれる。

なお、ヘンリー8世とトマス・クロムウェルは宗教改革の一環として、イングランド内にある修道院の解体を進め、800ヵ所以上の修道院の土地や財産を取り上げた。没収された財産は国王に移り、これが後

に国王の財政難から売却され、ジェントリ（地主層）などへと流れていった。

ヘンリー8世と6人の妻たち

　ヘンリー8世は、英国人ならどんなに歴史が苦手でも、6人の妻をもつ王様として誰でも知っている存在だ。

　ヘンリー8世といえば、肖像画で見られる太った中年期のイメージが強いが、若い頃は、背が高く、筋肉隆々で、美青年として名が通っていたという。作曲の才能もあり、知性やカリスマ性に富み、イングランド歴代王のなかでも卓越して豪傑な君主として知られる。以下は、ヘンリーの6人の妻たちである。

・キャサリン・オブ・アラゴン

　ヘンリー8世が最初に結婚したのが、スペインの王女キャサリン・オブ・アラゴン（スペイン名カタリーナ）。ヘンリー7世が大国スペインとの関係を強めるために進めた政略結婚で、もともとは長男アーサーと結婚していたのが、1502年にアーサーが急死したため、弟のヘンリーと再

上・左より
キャサリン・オブ・アラゴン、アン・ブーリン、
ジェーン・シーモア
下・左より
キャサリン・オブ・アラゴン、アン・オブ・クレーヴズ、
キャサリン・ハワード、キャサリン・パー

婚。流産、死産、夭折が続き、成長したのは娘のメアリーだけだった。

・アン・ブーリン

　二番目の妻はキャサリンの侍女だったアン・ブーリン。世継ぎの息子を望むヘンリーはアンとの結婚を切望するようになり、キャサリンとの結婚を無効にしてアンと結婚。娘のエリザベスを出産した。

・ジェーン・シーモア

　アンに息子が生まれず、失望したヘンリー8世は、アンの侍女のジェーン・シーモアに心変わりする。ジェーンと結婚するため、アンを姦通罪で処刑。ジェーンとの間には待望の息子エドワードが生まれるが、ジェーンは出産後に産褥熱で死去。

・アン・オブ・クレーヴズ

　ドイツ貴族ユーリヒ＝クレーフェ＝ベルク公ヨハン3世の娘で、政略結婚によりヘンリーの妻に選ばれた。一説によると、肖像画の顔と実際があまりに違うため、ヘンリーが怒り、それがトマス・クロムウェルの失脚につながったといわれる。6ヵ月で離婚。

・キャサリン・ハワード

　アン・ブーリンの従妹で5番目の妻。昔の恋人と密通したため、結婚1年半で処刑される。

・キャサリン・パー

　ヘンリー8世の6番目にして最後の妻。夫と2度死別した未亡人であり、ヘンリー8世の子供たち、メアリー、エリザベス、エドワードの教育も任されていた。結婚3年半でヘンリーと死別した。

『THE TUDORS〜背徳の王冠〜』(2007〜2010)　ジョナサン・リス・マイヤーズ主演により、ヘンリー8世と妻たちの関係を全38話にわたってじっくりと描く大河ドラマ・シリーズ。

『ブーリン家の姉妹』(2008)　フィリッパ・グレゴリー原作を映画化。ヘンリー8世の寵愛をめぐって争う姉アン・ブーリンと妹メアリーの関係を描く。ナタリー・ポートマン、スカーレット・ヨハンソン主演。

　英作曲家のデビー・ワイズマンが手がけるサウンドトラックは、英クラシックFMチャートの1位を記録。ハープシコードやテオルボなどの古楽器を用いて、15〜16世紀のチューダー朝時代の音楽をコンテンポラリーにアレンジした秀逸なサントラ。

COLUMN **数奇な運命をたどった女性その⑤**

アン・ブーリン

ヘンリー8世の妻のなかで、もっとも波瀾万丈な人生を送ったのがアン・ブーリン（英語ではブリンという発音に近い）だろう。彼女の悲劇的な人生は、数々の作品の題材になっている。

アン・ブーリン

アンには妹メアリーがおり、当初ヘンリー8世が見染めたのはメアリーの方だった。姉妹の駆け引きの様子は、フィリッパ・グレゴリー原作をもとにした映画『ブーリン家の姉妹』で描かれている。映画のなかではアンが姉、メアリーが妹という設定になっているが、メアリーが姉でアンが妹と考える歴史家もおり、どちらが正しいかはわかっていない。

メアリーは金髪、色白の豊満な美人だったが、アンは色黒で小柄でやせており、当時の美人と考えられる容姿ではなかったというのが定説だ。しかしながら、ヘンリー8世を虜にする魅力があったのは確かであり、アンが世継ぎとなる息子を産むことを約束したため、ヘンリーはアンとの結婚を強く望むようになった。

そのためにはキャサリン・オブ・アラゴンと離婚しなくてはならず、ローマ・カトリック教会と対立し、イングランド国教会を確立することになる。

しかし、ヘンリー8世が心変わりをするのも早かった。アンが娘エリザベスを出産後、2度にわたる流産を繰り返し、男子が授からないとなると、アンへの愛情は冷めていき、ヘンリーはアンの侍女であるジェーン・シーモアとの結婚を考えるようになる。結局、結婚からわずか2年で、アンは不義密通で反逆罪に問われる。姦通相手のひとりは、実の弟ジョージ・ブーリンだったが、実際に関係があったかどうかの真偽は定かではない。ローマ教会を巻き込んでの大騒ぎの末に結婚を強行したヘンリー8世だったが、そのヘンリーに見限られたアンはロンドン塔に送られ、斬首刑となった。

　テューダー朝の繁栄のために男子の世継ぎにこだわり、息子を切望していたヘンリー8世だが、テューダー朝が最も栄華を極めたのはアン・ブーリンが産んだ娘エリザベスの時代だった。しかし、そのエリザベスは子供を産まず、結局テューダー朝が途絶えてしまったのは運命の皮肉といえる。

PICK UP ⑭ヴァージンクイーン、エリザベス1世

エリザベス

ELIZABETH *1998*

DATA

⊙**監督**
シェカール・カプール

⊙**脚本**
マイケル・ハースト

⊙**出演**
ケイト・ブランシェット、ジョセフ・
ファインズ、ジェフリー・ラッシュ、
クリストファー・エクルストン、リチ
ャード・アッテンボローほか

⊙ **あらすじ**

　16世紀、カトリックとプロテスタントの争いが続くイングランドを
舞台に、25歳でイングランド女王に即位したエリザベスが、ヴァージ
ンクイーンとして君臨し、黄金時代を築き上げるまでを壮大なスケール
で描く。

⊙ **見どころ**

　エリザベス1世を題材にしたドラマや映画はこれまでにも数多く製
作されているが、本作は1998年の英国アカデミー賞で、主演女優賞
（ケイト・ブランシェット）、助演男優賞（ジェフリー・ラッシュ）、作曲賞、

若き日のエリザベス（ケイト・ブランシェット）©1998 Universal Studios. All Rights Reserved.

撮影賞、メイクアップ＆ヘアー賞、英国作品賞を獲得した大作。エリザベス1世を演じたケイト・ブランシェット（『ロード・オブ・ザ・リング』）は、この役で一躍スターの仲間入りを果たした。監督はインド出身のシェカール・カプール。続編の『エリザベス：ゴールデン・エイジ』共々、とにかく壮麗、とにかく豪華、たっぷりとその映像美を味わいたい。

◉時代背景
ヴァージンクイーンと呼ばれたエリザベス1世

　物語は、無垢な少女時代から、25歳でイングランド女王に即位し、誰にも支配されることなく、生涯独身を貫く決心をするまでの女王エリザベスの変化をたどっていく。
　エリザベス（ケイト・ブランシェット）の腹違いの姉である女王メアリ

一一1世（キャシー・バーク）は、厳格なカトリック信者でプロテスタント
を弾圧。エリザベスの母が自身の母を離婚に追いやったことで、メアリ
ーはエリザベスのことを好んでおらず、一時は彼女をロンドン塔に幽閉
する。しかしメアリーは子供に恵まれず病死し、エリザベスがイングラ
ンド女王として即位する。エリザベスはロバート・ダドリー（ジョセフ・
ファインズ）を寵愛し、ウィリアム・セシル国務卿（リチャード・アッテン
ボロー）の助けを得ながら治世を行うが、次第に大国フランスやスペイ
ンとの政略結婚を迫られるようになる。秘密諜報長官フランシス・ウォ
シンガム卿（ジェフリー・ラッシュ）からカトリック勢の謀反計画とダド
リーの裏切りを知ったエリザベスは、「イングランドと結婚した」と宣
言し、ヴァージンクイーン（処女王）として君臨する決意をする……。

　本作では史実と異なる部分がいくつかある。映画のなかではロバー
ト・ダドリーの結婚を知ったエリザベスはショックを受けるが、実際は
ダドリーの最初の結婚についてエリザベスも周知済みで、最初の妻はエ
リザベスが即位した2年後に事故死している。ダドリーはエリザベス
との関係が終わった後も死ぬまでエリザベスに近い存在だったという。
ウィリアム・セシル卿は実際にはもっと歳若く、定年退職を命じられる
ことなく死ぬまでエリザベスに仕えた。また、エリザベスに求婚するア
ンジュー公アンリはエリザベスより17歳も年下で、実際にエリザベス
と会ったことはなく、彼に女装趣味があったという事実は確認されてい
ないという。

エリザベス一世とスペインの関係

　エリザベス1世（在位1558〜1603）はテューダー朝における繁栄の時
代の全盛期を築いた君主で、英国人からの人気も高い。イングランド国
教会を復活させ、1559年の「国王至上法」により、国王は国教会の「首
長」ではなく「統治者」であると定め、同年の「礼拝統一法」で、プ

ロテスタントとカトリックの中道を求め
た。しかし、スコットランド女王メアリ
ー・ステュアートをはじめとするカトリ
ック勢による暗殺計画やそれに絡んでス
ペインとの宗教戦争に悩まされた。

『エリザベス』の続編『エリザベス：ゴー
ルデン・エイジ』では、寵臣ウォルタ
ー・ローリー（クライヴ・オーウェン）と
の関係と共に、スペインとの戦争が描か
れている。スペイン国王フェリペ2世
は、当初エリベスと友好な関係を築き、
一時は求婚もしている。しかし、カトリ
ック国であるスペインは、プロテスタン
トのエリザベスが王位にあることに不満

フェリペ2世

を抱き、前女王メアリー1世と結婚していたフェリペは、再びイング
ランドにおける権力を取り戻そうとしていた。一方、エリザベス側にし
てみれば、アイルランドの反乱を裏から支援するなどするスペインの干
渉が気にくわなかった。スペインとイングランドの関係は次第に悪化し
ていく。

　エリザベスは密かにスペインの船を攻撃するよう指示、これにより私
掠船長のフランシス・ドレイクなどがスペイン船を襲撃したり海賊行為
を行ったりした。さらに、エリザベスがカトリックの元スコットランド
女王、メアリー・ステュアートを処刑したことが決定打になり、フェリ
ペ2世はイングランド侵攻を決意する。

スペイン無敵艦隊に勝利したアルマダの海戦

『エリザベス：ゴールデン・エイジ』の後半で描かれるのが、イングラ

アマルダの海戦

ンド海軍がスペインの無敵艦隊を破ったアルマダの海戦。英国史のなか
でも有名な戦いのひとつである。

　1588年5月、フェリペ2世は英仏海峡に向けてスペイン無敵艦隊を
送りこむが、数週間のうちに無敵艦隊は散々な目にあって本国に帰還す
ることになる。これにはいくつかの理由が挙げられる。まず、無敵艦隊
の総司令官、メディナ・シドニア公アロンソ・ペレス・デ・グスマンは
スペイン貴族出身の軍人だが海戦の経験がなく不慣れだった。また、イ
ングランド艦隊の新型帆船＝ガレオン船の方が速度や性能に優れてお
り、さらに、パルマ公率いるスペイン陸軍がフランス沖ダンケルクで合
流するはずだったのが手違いで到着できなかったという不運もあった。

　チャールズ・ハワード提督、フランシス・ドレイク、ジョー・ホーキ
ンス率いるイングランド艦隊は、スペイン船がカレー港で待機している

間、スペイン艦隊に向けて火がついた船を突撃させるという、海賊も真っ青な攻撃を行った。その結果、スペイン艦隊は北海に向けて敗走する。

　スペイン艦隊は北海を通過してスコットランドとアイルランドをぐるりと迂回するルートを強いられたが、強風や悪天候で船に大損害を被利、最終的に帰還できたのは出発時の約半分という、スペイン軍にとって散々な結果に終わった。

　フランシス・ドレイクは、イングランド人として初めて世界一周を行った人物だが、エリザベス１世のお墨付きによるスペイン船を狙った海賊行為により、イングランド王室に巨額な収入をもたらしたことでも知られ、イングランド海軍の中将に抜擢。アルマダの海戦ではイングランド艦隊副司令官として活躍、イングランドの英雄となった。

— **参考になる作品** —

『エリザベス：ゴールデン・エイジ』（2007）　前作に続きシェカール・カプール監督とケイト・ブランシェットの主演により、イングランド女王の座を確立したエリザベスのその後の治世を描く。

— **サントラ** —

　オーストラリア出身の作曲家、デヴィッド・ハーシュヘルダー（『シャイン』『スライディング・ドア』）がサントラを手がける。古楽器を使ったテューダー音楽やキリスト教宗教音楽を取り入れた、重厚な音楽が印象深い。アカデミー作曲賞にノミネート、英国アカデミー賞の作曲賞を受賞した。

ヴァージンクイーン、エリザベス１世 ⑭

PICK UP ⑮エリザベス女王のライバル、メアリー・オブ・スコッツ

ふたりの女王 メアリーとエリザベス

MARY QUEEN OF SCOTS *2018*

DATA

⊙ **監督**
ジョーシー・ルーク

⊙ **脚本**
ボー・ウィリモン

⊙ **出演**
シアーシャ・ローナン、マーゴット・ロビー、ジャック・ロウデン、ジョー・アルウィンほか

⊙ あらすじ

　16世紀のスコットランドとイングランドを舞台に、メアリー・ステュアートとエリザベス1世のふたりの女王が、権力争いや宗教問題、政略結婚など、時代に翻弄されながら生きる姿を描く。

⊙ 見どころ

　スコットランド女王メアリー・ステュアートの生涯と、メアリーの視点から見たエリザベス1世の姿を描いた歴史映画。舞台演出家のジョーシー・ルークの長編映画監督デビュー作品。本作の見どころは何といっても、人気女優ふたりの競演だろう。メアリー役のシアーシャ・ロー

ナン（『ストーリー・オブ・マイライフ／わたしの若草物語』）、エリザベス役のマーゴット・ロビー（『ワンス・アポン・ア・タイム・イン・ハリウッド』）が異なる立場にありながらも、それぞれ孤独と苦悩を抱え共感し合う女王を演じる。

◎時代背景
エリザベスの永遠のライバル、メアリー・オブ・スコッツ

　エリザベス1世を語るうえで避けて通ることができないのが、スコットランド女王メアリー・ステュアートだ。エリザベスのライバルとして、恋多き魅力的な女性として、さまざまな作品の題材になっている。本作では従姉妹でありながら対立し、政治的思惑や宗教問題をめぐって、自分の意思とは関係なく、権力者である周囲の男たちからゲームの駒のような扱いをされるふたりの女性が、お互いの立場に共感しながらも、ひとりは3度の結婚を経て世継ぎを産んだ末に廃位となって死刑、もうひとりは独身を貫き、孤高の君主であり続けるという、その対照的な運命をつづる。

　物語は1587年のメアリー（シアーシャ・ローナン）の処刑シーンから始まるが、舞台はすぐにメアリーがフランスからスコットランドに帰国した1561年にさかのぼる。スコットランド王ジェームズ5世とフランス貴族出身の王妃メアリー・オブ・ギーズの間に生まれたメアリーは、テューダー朝の祖ヘンリー7世の曾孫にあたり、イングランドの王位継承権も持っていた。生後6日にしてスコットランド女王に即位、イングランドからの攻撃を避けるために、6歳のときからフランスの宮廷で育てられ、フランス王太子フランソワと結婚した。15歳でフランス女王となったが、夫が死去したのに伴い、スコットランドに帰国。このときメアリーは18歳だった。

　スコットランドでは、異母兄マリ伯ジェームズ・ステュアート（ジェ

ふたりの女王、メアリー（シアーシャ・ローナン）とエリザベス（マーゴット・ロビー）

ームズ・マッカードル）が実権を握っており、ジョン・ノックス（デヴィッド・テナント）をはじめとするプロテスタントの指導者が力を持ち、カトリックであるメアリーは懸念の種として迎え入れられた。若き未亡人のメアリーはステュアート家の血を引く従弟のダーンリー卿ヘンリー（ジャック・ロウデン）と再婚、息子のジェームズを身籠る。しかしこれは幸せな結婚ではなかった。メアリーは秘書のデヴィッド・リッチオ（イスマエル・クルス・コルドバ）を寵愛するが、リッチオはダーンリー卿らによって殺害される。これで夫婦の関係は完全に冷え切った。1567年、ダーンリー卿が殺害されるという事件が起きる。メアリーは、彼女の顧問であるボスウェル伯ジェームズ・ヘップバーン（マーティン・コムストン）と３度目の結婚をするが、プロテスタント貴族たちとの争いに破れ、1567年に廃位。息子のジェームズがジェームズ６世として即位した。窮地に陥ったメアリーは従姉妹であるエリザベス１世（マーゴット・ロビー）の助けを求めて、イングランドに亡命する。

　困ったのはエリザベスだ。メアリー・ステュアートは、エリザベスが

庶子であり、正統なイングランド王位継承権者は自分にあることを幼少の頃から主張していたからだ。メアリーの処遇に悩んだエリザベスは彼女を幽閉するしか手段はなかった。当然のことながら、イングランドのカトリック勢はエリザベスの代わりにメアリーを王位に就かせることを画策し、さまざまな陰謀事件が起きた。ついにメアリーがエリザベスの暗殺計画に関係していた証拠が発見され、メアリーは大逆罪で裁判にかけられる。メアリーを処刑することに乗り気ではなかったエリザベスだが、議会と枢密院は処刑を決定、メアリーは斬首刑になった……。

　本作のハイライトのひとつが、メアリーとエリザベスが秘密裏に会見し言葉を交わし、お互いに理解しながらも袂を分かちあうシーンだ。しかしながら、これは映画化にあたっての脚色で、実際にメアリーとエリザベスが顔を合わせたことは生涯なかったという。また、映画のなかで、メアリーは議会の要請により、3番目の夫ボスウェル伯と結婚するが、実際にはメアリーがダーンリー卿と結婚中にすでに二人は不倫関係になっていたといわれ、ダーンリー卿殺害もボスウェル伯が首謀者、メアリーが共謀者だったという説もある。

　映画のラストは、メアリー・ステュアートの息子でスコットランド王ジェームズ6世が、イングランド王ジェームズ1世（在位1603〜1625）として即位するところで終わる。ヘンリー7世から始まり、ヘンリー8世がローマ・カトリック教会と対立してまでも世継ぎを生んで存続させようとしたテューダー朝だが、エリザベス1世が独身を貫いて子供を生まなかったため、120年で断絶する。

———————————— サントラ ————————————

　TVシリーズ『TABOO／タブー』、映画『アド・アストラ』を手がけたマックス・リヒターによるサントラ。リヒターはドイツ生まれの英作曲家、ピアニスト。

ジェーン・グレイ

　テューダー朝のイングランドで、"9日間の女王"と呼ばれる女性がいた。それがレディ・ジェーン・グレイである。父親は初代サフォーク公ヘンリー・グレイ、母方の祖母はヘンリー8世の妹メアリー・テューダー。つまりジェーンはテューダー朝の祖ヘンリー7世の曾孫にあたる。

　1547年にヘンリー8世が死去し、ジェーン・シーモアが産んだ男児エドワードがエドワード6世（在位1547～1553）として9歳で即位する。

　当時はイングランドだけでなく、ヨーロッパ各地で宗教改革が起こった時代だった。ドイツの神学者マーティン・ルター（ドイツ名マルティン・ルター）やフランスの神学者ジョン・カルヴィン（フランス名ジャン・カルヴァン）は、プロテスタントを押し進める宗教改革者の中心人物で、ローマ・カトリック教会の腐敗と惨状に抗議を示し、聖書をラテン語から翻訳して、庶民でも理解しやすいように、キリスト教会を改革することを訴えた。

　エドワード6世も熱心なプロテスタントになり、摂政として実権を握っていたノーサンバランド公ジョン・ダドリーと共にプロテスタント政策を進め、英語で書かれた「共通祈祷書」のみの使用を定め、教会の礼拝をプロテスタント風に簡素にする「礼拝統一法」などを発令している。

　エドワードは15歳になっていたが、ノーサンバランド公は病弱の王の先が長くないことを悟る。ヘンリー8世はエドワードの次の王位継承者として長女メアリーを指名していたが、熱心なカトリック教徒であるメアリーが女王となれば、プロテスタント貴族が排斥されるのは明らかだった。そこで、ノーサンバランド公は、15歳のジェーン・グレイを王位継承者に担ぎ出し、自分の息子ギルフォード・ダドリーと政略結

婚させる計画をする。

　ノーサンバランド公は、エドワード6世を説得し、メアリーではなく、ジェーンを後継者とする勅令を出させることに成功。エドワード6世が病気で亡くなると、ジェーンの即位を宣言して枢密院もこれに賛成。こうして、ジェーン・グレイはイングランド女王として即位をする。

　しかしながら、これに対するメアリーの行動は素早く、支持者の貴族と共に挙兵。一方、ノーサンバーランド公らジェーン派は、貴族たちからまとまった支援を得ることができず、枢密院顧問らもメアリーに寝返り、結局はノーサンバランド公もメアリーの即位を認めざるを得なくなってしまった。ジェーンは在位わずか9日間で廃位となり、夫のギルフォードと共にロンドン塔送りになり、ノーサンバーランド公も逮捕される。なお、ギルフォードの実兄は、エリザベス1世の寵臣レスター伯

「レディ・ジェーン・グレイの処刑」（ポール・ドラローシュ画）

エリザベス女王のライバル、メアリー・オブ・スコッツ ⑮

ロバート・ダドリーである。

　ジェーンとギルフォードは、1554年に斬首刑となった。

　その後、即位したメアリー1世（在位1553〜1558）はヘンリー8世とエドワード6世が進めた宗教改革を逆行し、礼拝統一法などの法律を廃止、カトリック国であるスペイン王フェリペ2世と結婚した。

　これにより、大陸におけるスペインの戦争に巻き込まれ、フランスとの戦争に参戦するが、その結果、イングランドが大陸に唯一所有していた領地のカレーを失ってしまう。また、300人にも及ぶプロテスタント教徒を火あぶりの刑に処したことから、プロテスタントからはブラッディメアリー（血まみれのメアリー）と呼ばれた。

　弱冠15歳だったジェーン、イングランド王位継承争いとカトリック対プロテスタントの抗争に巻き込まれ、突然のイングランド女王即位から一転して半年後には処刑されるというあまりにも悲しい人生だった。

　レディ・ジェーン・グレイの生涯を描いた映画には、トレヴァー・ナン監督、ヘレナ・ボナム＝カーター主演の『レディ・ジェーン／愛と運命のふたり』（1985）がある。

シェイクスピアの庭

ALL IS TRUE *2018*

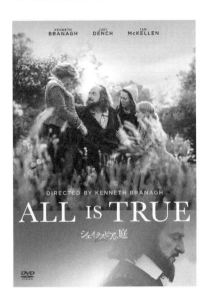

DATA

◉**監督**
ケネス・ブラナー
◉**脚本**
ベン・エルトン
◉**出演**
ケネス・ブラナー、ジュディ・デン
チ、イアン・マッケラン、キャスリ
ン・ワイルダーほか

◉**あらすじ**

　1613年、劇作家を引退してロンドンから故郷ストラットフォード・
アポン・エイヴォンに戻ったシェイクスピアが、疎遠になっていた家族
と失われた時間を取り戻していく様子を描く。

◉**見どころ**

　英国を代表する作家シェイクスピアが晩年をどのように過ごしたかを
つづるフィクション・ドラマ。『ヘンリー５世』『ハムレット』など、
数々のシェイクスピア劇に出演したケネス・ブラナーが監督・製作・主
演を務め、ブラナーのシェイクスピアに対する並々ならぬ愛と尊敬が込

められた作品だ。冒頭に登場する火事に見舞われたグローブ座の炎、た
くさんのキャンドルが灯ったシェイクスピア家の居間、1本のキャンド
ルを灯した慎ましいプロテスタント家庭の食卓など、火の使い方がとて
も効果的。昔は電気がなく、夜はどこの家庭もロウソクの光だけで、さ
ぞかし暗かったことだろう。屋外は漆黒の暗闇だ。そして、対照的に、
昼間の光溢れる庭や英国カントリーサイドの風景が美しく、絵画のよう
な映像美が楽しめる。

⊙時代背景
英国の至宝シェイクスピアと英ルネッサンス演劇

『シェイクスピアの庭』の舞台は1613年のロンドン。史劇『ヘンリー
8世』を上演中のグローブ座が火事で全焼するという事故が起き、失意
のシェイクスピア（ケネス・ブラナー）は筆を折って故郷に戻る。20年

家族に囲まれるシェイクスピア（ケネス・ブラナー）

以上もの間、会っていなかった妻アン（ジュディ・デンチ）や娘のスザン
ナ（リディア・ウィルソン）とジュディス（キャスリン・ワイルダー）は戸惑
う。シェイクスピアはジュディスの双子の弟であり11歳で亡くなった
息子ハムネットの死を嘆き、息子に捧げる庭を作り始める。やがて、家
族のなかで隠されていたさまざまな秘密が明らかになっていく……。

　シェイクスピアを扱った作品は、ロンドンでの最盛期を描くことが多
く、故郷に戻ったシェイクスピアが晩年をどのように過ごしたかという
仮想世界を描く今作は異色ともいえるが、家族に囲まれて穏やかな時間
を過ごしたシェイクスピアと家族の絆に心が温まる。秋の夜長にしみじ
みと味わいたい人間ドラマだ。

　シェイクスピアが活躍した時代は、エリザベス1世の治世下で演劇
をはじめとする芸術文化が花開いたときだった。ヘンリー8世の宗教
改革の時代から1642年の清教徒革命により劇場が閉鎖されるまでの間
に盛り上がったこの文化は、イギリス・ルネサンス演劇と呼ばれる。
1576年に東ロンドンのショーディッチでシアター座がオープンしたの
に続き、カーテン座、ローズ座、スワン座、グローブ座など公設の劇場
が次々と登場、シェイクスピアやクリストファー・マーロウなどの劇作
家が活躍した。

　ウィリアム・シェイクスピアは1564年4月23日に英中部ストラット
フォード・アポン・エイヴォンで誕生。父親のジョン・シェイクスピア
と母親のメアリー・アーデンの間には8人の子供が生まれたが、上の
二人が早世したため、ウィリアムは最年長だった。ジョンは革手袋商人
で、市議会議員を務める町の名士でもあったがその後は没落したといわ
れる。

　18歳の時にアン・ハサウェイと結婚。アンは8歳年上の26歳で、す
でに妊娠しており、いわゆる「できちゃった婚」だったのは有名な話
だ。結婚式の6ヵ月後に長女のスザンナが誕生、続いて長男ハムネット
と次女ジュディスの双子が生まれたが、11歳の時にハムネットは亡く

シェイクスピア

なっている。

その後、シェイクスピアはロンドンに進出し、名声を得ることになるが、双子が洗礼を受けた 1585 年からロンドンで評判を確立した 1592 年までの 7 年間の動向が明らかになっていない。この期間は「失われた歳月（The Lost Years）」といわれ、彼の行動は謎に包まれたままになっている。

1592 年頃から劇作家・俳優・詩人としての活動を開始、宮内大臣一座（The Lord Chamberlain's Men）に所属し、1 年間に 2 作書き上げるペースをおよそ 20 年間続けた。この劇団は後にジェームズ 1 世がパトロンを務めるようになり、国王一座（The King's Men）と名前が変更された。『ハムレット』『マクベス』『オセロー』『リア王』という、いわゆる 4 大悲劇は、1600 年から 1606 年の間に生み出された。1613 年に引退して故郷に戻り、1616 年 4 月 23 日に 52 歳で死去、聖トリニティ教会に埋葬された。生涯のうちに、戯曲 38 作、物語詩 2 作、ソネット 154 作を手がけたと考えられている。2002 年に BBC 局主催による一般投票で選ばれた「最も偉大な英国人 100 人」では堂々の第 5 位にランクインされている。

シェイクスピア作品は、英国はもちろん、世界各地で上演される人気作品で、映画やドラマ、コメディなどで数多く映像化され、登場人物や台詞、言い回しなどは現在でもさまざまな文学作品や映画、オペラ、アート作品のモチーフとなっている。

英国では、ハリウッドの大作に出演するような人気俳優でも定期的に

舞台に立つが、シェイクスピア劇は英国演劇界の伝統芸でもあり、役者にとってはシェイクスピア俳優と呼ばれてこそ一人前という空気がある。韻文のリズムに乗った詩的な台詞を流れるように朗々と話す演技から、英国俳優のレベルの高さや演劇教育の深さが感じられる。

　本作でも、シェイクスピアがパトロンだったサウサンプトン伯（イアン・マッケラン）とお互いの思いを交わすシーンで『ソネット29』が引用され、ラストでアンとスザンナ、ジュディスが『シンベリン』からの葬送歌を朗読するなど、シェイクスピアの詩と役者たちの演技力が重なり合い、さらなる感動を生み出している。

参考になる作品

『恋におちたシェイクスピア』（1998）　グウィネス・パルトロー主演、スランプに陥っていたシェイクスピアが裕福な家の娘と恋に落ち、『ロミオとジュリエット』を書き上げていく様子を描いたロマンチック・コメディ。

サントラ

　スコットランド出身のベテラン作曲家、パトリック・ドイルによるサウンドトラック。ケネス・ブラナーと長年の付き合いがあり、『ハムレット』『マイティ・ソー』『シンデレラ』『オリエント急行殺人事件』などブラナーが監督する作品の多くの音楽を手がける。

PICK UP ⑰ステュアート朝のはじまり

ガンパウダー

GUNPOWDER *2017*

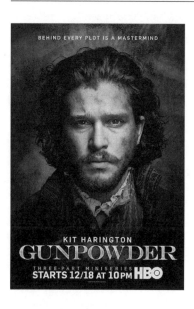

DATA

◉ **監督**
J・ブレイクソン
◉ **脚本**
ロナン・ベネット
◉ **出演**
キット・ハリントン、リヴ・タイラー、マーク・ゲイティス、ピーター・ミュランほか

◉ あらすじ

　1605年11月5日に起きた火薬陰謀事件の経緯を描く。1603年に即位したジェームズ1世はイングランド国教会優遇の政策を行い、カトリック教徒たちは弾圧を受けていた。カトリック貴族のロバート・ケイツビーはカトリック仲間と共に国王暗殺と政府転覆を計画する。

◉ 見どころ

　人気シリーズ『ゲーム・オブ・スローンズ』でジョン・スノウを演じたキット・ハリントンが企画・製作総指揮・脚本を手がけ、英国では誰もが知っている火薬陰謀事件をテーマにした全3回の歴史ドラマ。キ

ット・ハリントンの本名はクリストファー・ケイツビー・ハリントン。主人公ロバート・ケイツビーの子孫にあたり、彼自身がケイツビーを演じる。拷問や処刑シーンがかなり残酷なので、流血が苦手な方はご注意を。

◉時代背景
火薬陰謀事件とガイ・フォークス・デーの関係は?

　火薬陰謀事件のあらましを『ガンパウダー』の内容に沿って紹介していく。

　舞台はステュアート朝のイングランド。1603年にエリザベス1世が死去し、ジェームズ1世(デレク・リデル)が即位、イングランドとスコットランドが同君主のステュアート朝が始まる。ジェームズ1世(在位1603〜1625)はカトリック女王メアリー・ステュアートの息子であることから、カトリック勢力は巻き返しを期待していたが、ジェームズ1世と国王の秘書官ソールズベリー伯ロバート・セシル(マーク・ゲティス)はイングランド国教会優遇政策を取って、カトリックを抑圧した。英中部ウォリックシャーでは、貴族ロバート・ケイツビー(キット・ハリントン)や従姉のアン(リヴ・タイラー)が地元のマナーハウスで秘密のミサに参加していたが、当局の捜査が入り、女主人と聖職者が逮捕され、拷問・処刑にされる。カトリックの弾圧に業を煮やしたケイツビーは国王と政府の転覆を計画。それは議事堂の地下に爆薬を仕掛けて、国王や重臣を議事堂もろとも爆発させて殺害するという大掛かりなテロ計画だった。従兄弟のトマス・ウィンター、カトリック仲間のジョン・ライト、トマス・パーシーに計画を持ちかけ、彼らも賛同した。また、フランドル(ネーデルラント南東部)で暮らしていたガイ・フォークスという男も参加する。彼はオランダ独立戦争でカトリック側のスペイン軍に従軍し、火薬類にも詳しいため、実行役としてリクルートされた。グル

スチュアート朝のはじまり

⑰

123

ガイ・フォークスの逮捕

ープにはさらに新しいメンバーが加わり、総勢 13 人となる。1605 年になると、議事堂の真下に位置する貯蔵庫を借り、ここに 36 樽の爆薬が運び込まれる。

　すべては予定通りに進んでいるかに思われた。しかし、決行寸前になって計画が発覚してしまう。10 月下旬、モンティーグル卿のもとに匿名の手紙が届き、ロバート・セシルからの報告を受けた国王の指示により、11 月 4 日夜、議事堂地下の貯蔵庫に手入れが入り、その場にいたガイ・フォークスが逮捕される。ガイ・フォークスは沈黙を続けたため、ジェームズ 1 世は拷問を許可。この拷問は凄惨を極めたが、彼はさらに 2 日間も沈黙を守ったという。

　一方、首謀者グループはすでにロンドンを出て英中部に向かっていた。11 月 8 日、スタフォードシャーの隠れ家を当局が襲い、ロバート・ケイツビーは、クリストファー・ライト、トマス・パーシーと共に討死。残った者は逮捕された。

　1606 年 1 月 31 日にガイ・フォークス、トマス・ウィンターらの死刑が行われる。国王に対する大逆罪のため、首吊り・内臓抉り・四つ裂き

の刑が適用された。まず、ロンドン塔からウェストミンスターの処刑場まで引き回し、首から吊るされると意識がなくなる寸前でロープが切られ、性器が切り取られて燃やされた後、内臓と心臓が引きずり出され、最後にようやく斬首、両腕両足を切断して見せしめに処されるという、何とも過酷な刑だった。こうして、火薬陰謀事件は失敗に終わった。事件後、カトリック教徒への弾圧はさらに厳しくなり、一般のカトリック教徒たちが不当に罰をくらう結果となった。

なお、ドラマと史実では異なる部分がある。ケイツビーとアンが従姉弟同士というのはフィクション。ドラマではロバート・セシルとスペイン大使の密かな陰謀により爆破計画が発覚するが、実際は内部密告によるものとされる。

さて、英国の11月5日は「ガイ・フォークスの日（またはガイ・フォークス・ナイト、ボンファイナ・ナイトとも呼ぶ）」として知られ、火薬陰謀事件が未遂に終わったことを祝うためのイベントが毎年盛大に行われる。この日は花火が打ち上げられたり、ガイ・フォークスを形作った人形が燃やされたりする。今でこそ、米国から入ってきたハロウィンも恒例行事になっているが、英国ではつい最近まで、ハロウィンよりも11月5日のガイ・フォークス・ナイトの方が盛んだった。

カトリック教徒の立場から見ると、この日は、何とも肩身が狭くなるような思いがすることだろう。ガイ・フォークスは首謀者ではなかったものの、計画の実行役で、最初に逮捕されたこともあってか、ロバート・ケイツビーよりも名前が有名になってしまった。政府転覆計画の悪者扱いされているガイ・フォークスだが、過酷な拷問を受けても仲間を守るために沈黙を続けたという、男気のある漢だったのは確かだ。

また、ナタリー・ポートマン主演のサスペンス・アクション映画『Vフォー・ヴェンデッタ』でも、ガイ・フォークスと火薬陰謀事件にインスパイアされたエピソードが登場するほか、抗議運動「オキュパイ」や

ポートランドの「オキュパイ」運動

アクティヴィスト・ネットワーク「アノニマス」などの活動で、ガイ・フォークスの仮面が使用されており、現在では世界各国で抵抗のシンボルにもなっている。

──────── 参考になる作品 ────────

『Vフォー・ヴェンデッタ』(2005) 人気コミックをもとに、ウォシャウスキー姉妹(『マトリックス』)の製作・脚本により、独裁者による全体主義国家になったイギリスで、ファシズムと戦うVと呼ばれる謎の仮面男とそのテロ活動に巻き込まれていく女性イヴィーを描く。

──────── サントラ ────────

　ドイツの作曲家・ピアニストのフォルカー・ベルテルマンによるソロ・プロジェクト＝ハウシュカ(『アンモナイトの目覚め』『オールド・ガード』)がサウンドトラックを手がける。クラシック音楽をもとにエレクトロ／エクスペリメンタルな要素を交えた独創的な音楽。

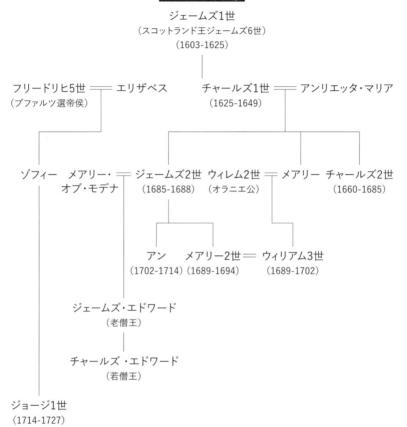

ステュアート王家

ジェームズ1世
（スコットランド王ジェームズ6世）
（1603-1625）

フリードリヒ5世 ＝＝ エリザベス　　　チャールズ1世 ＝＝ アンリエッタ・マリア
（プファルツ選帝侯）　　　　　　　　　（1625-1649）

ゾフィー　メアリー・ ＝ ジェームズ2世　ウィレム2世 ＝ メアリー　チャールズ2世
　　　オブ・モデナ　　（1685-1688）　（オラニエ公）　　　　　（1660-1685）

アン　　メアリー2世 ＝ ウィリアム3世
（1702-1714）（1689-1694）　（1689-1702）

ジェームズ・エドワード
（老僭王）

チャールズ・エドワード
（若僭王）

ジョージ1世
（1714-1727）

PICK UP ⑱イングランド内戦と共和制

クロムウェル

CROMWELL *1970*

DATA

⊙**監督**
ケン・ヒューズ

⊙**脚本**
ケン・ヒューズ

⊙**出演**
リチャード・ハリス、アレック・ギネス、ロバート・モーレイ、ドロシー・テューティン、フランク・フィンレイ、ティモシー・ダルトンほか

⊙ **あらすじ**

17世紀、イングランド国王チャールズ1世と議会が戦ったイングランド内戦を中心に、オリヴァー・クロムウェルの活躍で議会側が勝利し、共和制へと移行していく過程を描く歴史劇。

⊙ **見どころ**

神への信仰と己の信念に従って議会民主主義政治を目指し、共和制に移行後は護国卿として独裁政治を行うことになるクロムウェルの半生をたどる。志が高くカリスマ性のあるオリヴァー・クロムウェルに扮したリチャード・ハリス（『グラディエーター』）と、運命に翻弄されながらも

国王としての気品と威厳、誇りを持ち続けるチャールズ1世を演じたアレック・ギネス（『戦場にかける橋』）の競演が強烈なインパクトを残す。チャールズ1世の甥ルパート役のティモシー・ダルトン（『007／リビング・デイライツ』）も出演時間は少ないながらも印象強い存在だ。1970年のアカデミー賞衣装デザイン賞を受賞。火縄銃と大砲、騎兵が活躍するエッジヒルの戦い、ネズビーの戦いの戦闘シーンも迫力がある。

⊙時代背景
イングランド内戦とは何か

　17世紀のステュアート朝時代には歴史の転換となった出来事がいくつも起こる。清教徒革命（ピューリタン革命）と王政復古、それに続く名誉革命だ。ふたつの革命を合わせてイギリス革命と呼ぶことも多い。清教徒（ピューリタン）とは、プロテスタントのなかでも、厳格な修行と礼拝を重視し、劇場やダンス、飲酒などを不必要なものとして禁じるカルヴァン派の新教徒を指す。日本の歴史授業では清教徒革命と習ったが、英国ではイングランド内戦（The English Civil War）と呼ばれることが多い。

　王党派（騎士党 Cavaliers）と議会派（円頂党 Roundhead）が戦ったイングランド内戦はかなり複雑だが、映画『クロムウェル』ではその過程を簡略化してまとめているので内戦の流れはこれで大体把握できる。
　イングランド内戦は、第1次イングランド内戦（1642年〜1646年）と第2次イングランド内戦（1647年〜1649年）のふたつの時期に分かれる。映画『クロムウェル』では、主に第1次イングランド内戦が描かれる。では、本作の内容に沿って、内戦の流れを見ていこう。
　本作は1640年から始まる。ケンブリッジに住む熱心なピューリタンである地主貴族・元国会議員のオリヴァー・クロムウェル（リチャード・ハリス）は新世界に移住する予定だったが、友人ヘンリー・アイアトン

チャールズ1世と騎士党

の説得により、イングランドに止まり、議員に復活する。チャールズ1世（アレックス・ギネス）はスコットランドの戦費を調達するために11年ぶりに議会を開会。議会は戦費を認める代わりに、立憲君主制王権を要求するが、チャールズ1世（在位1625〜1649）は父親のジェームズ1世同様に王権神授説を支持しており、フランスから迎えた王妃ヘンリエッタ・マリアからの圧力もあって、議会の申し出を拒否。議会の権利を制限して王単独で治世を行おうとする。カトリック教徒である王妃の影響で徐々に国教会がローマ・カトリック寄りになっていることをプロテスタントは懸念、特にピューリタン勢は厳しい宗教改革を望み、国王派と議会派が戦う内戦に突入する。

　1642年のエッジヒルの戦いではチャールズ1世の甥カンバーランド公ルパートの参戦もあり、国王軍を維持する王党派が勝利する。この敗戦でオリヴァー・クロムウェルは私財を投じて鉄騎隊を設立。議会派の司令官に就任したトーマス・フェアファクスとクロムウェルが軍事訓練を施したニューモデル軍の活躍もあり、1645年のネイズビーの戦いでは議会側が勝利。チャールズ1世の息子、チャールズ王太子は従弟のルイ14世がいるフランスに亡命。チャールズ1世一家はハンプトンコート宮殿に軟禁になる。

一方、議会内では国王との妥協を図る長老派と国王と徹底的に抗戦しようとする独立派が対立、さらに君主制や貴族の特権を廃止することを望む平等派（レヴェラーズ Levellers・または水平派とも呼ばれた）などに分裂。

チャールズ1世はスコットランドやアイルランドのカトリック勢と密かに協約を結ぶ。史実ではチャールズ1世は再び挙兵して第二次内戦が起きるが、映画のなかでは戦闘は省略されている。議会の内部では軍事クーデターに

オリヴァー・クロムウェル
（サミュエル・クーパー画）

より、長老派が追い出され、独立派によるランプ議会（残部議会）が開会。ランプ議会は裁判を行い、国王に大逆罪の有罪判決が下る。1649年1月30日、チャールズ1世はロンドンのホワイトホールで行われた公開処刑で斬首された。

1649年5月に共和制宣言が出され、イングランドは王政が廃止されて共和国となる。クロムウェルは仲間割れしている議会に強力なリーダーが必要なことを悟って、軍隊の力で議会を解散。護国卿となって理想的な政治を目指す……。

オリヴァー・クロムウェルは英雄か、独裁者か

　1653年に終身の護国卿（Lord Protector）に選ばれ、その後5年にわたり、治世を行なったオリヴァー・クロムウェルとは、どのような人物だったのだろうか。

　1599年にハンティンドン（現在のケンブリッジシャー）で生まれたクロムウェルはケンブリッジ大学に進み、国会議員になった。ヘンリー8世の重臣だったトマス・クロムウェルは親戚筋にあたる。熱心なピューリタンであり、自らの行動はすべて神の思し召しによるものと固く信じていた。イングランド内戦で鉄騎隊を率いて軍人としての才覚を現し、ニューモデル軍の副指揮官として次第に力を集めるようになり、ついには護国卿として国を統治した。

　一方で、自分の政策を批判する議会を解散するなど、自分に反対する者は徹底的につぶした。1657年には、国会議員の一部がクロムウェルに王になることを提案したものの、軍部が王の称号を嫌ったことから実現しなかった。しかし、クロムウェルは名前以外、国王そのものであったといわれる。

　1658年、クロムウェルは護国卿になってわずか5年後に病死した。息子のリチャードを次の護国卿に指名しており、彼の死後、リチャードが護国卿になったが、リチャードはその器ではなく、軍を抑えることができずに1659年に辞任した。護国卿政は軍の指揮者としてのクロムウェルの強力なカリスマ性と統率力によって成り立っただけに、彼の死と共にもろくも崩れてしまったのだ。

　映画『クロムウェル』のなかのオリヴァー・クロムウェルは、人民のために民主制議会政治を目指し、イングランドを民主化に導いた英雄に描かれているが、実際にはピューリタンと軍隊による独裁政治を行なった人物として批判もされている。果たしてクロムウェルは偉大な指導者

だったのか、冷酷な独裁者だったのか、その評価は今も分かれている。

　本作でのチャールズ1世は、昔ながらの王権神授説に固執し、時代の流れが読めない国王として描かれているが、一方でチャールズ1世は、芸術を愛し、美術品の収集家であることでも知られている。ティツィアーノなど初期ルネッサンス画家の作品を集めたほか、ファン・ダイクやルーベンスをイングランド宮廷に招いた。チャールズ1世の膨大なコレクションは処刑後、クロムウェルによって売却され、ヨーロッパ各国に散り散りになったが、王政復古後に息子のチャールズ2世によって多くの作品が買い戻され、現在はロイヤル・コレクションとして英王室が所蔵している。

━━━━━━━━━━ サントラ ━━━━━━━━━━

　ビートルズのプロデューサー、ジョージ・マーティンとも活動したことがある英作曲家、フランク・コーデルがサウンドトラックを手がける。

イングランド内戦と共和制 ⑱

PICK UP ⑲ チャールズ2世と王政復古

恋の闇 愛の光
RESTORATION *1995*

DATA

⊙ **監督**
マイケル・ホフマン

⊙ **脚本**
ルパート・ウォルターズ

⊙ **出演**
ロバート・ダウニー・Jr、サム・ニール、デヴィッド・シューリス、ポリー・ウォーカー、メグ・ライアン、イアン・マッケラン、ヒュー・グラントほか

⊙ あらすじ

　1660年代、王政復古を果たしたイングランドを舞台に、ロンドンに住む優秀な医学生のロバート・メリヴェルがチャールズ2世お抱えの医師となったことから起こる紆余曲折の運命を描く。

⊙ 見どころ

　ローズ・トレメインの小説『道化と王』を映像化した歴史ドラマ映画。チャールズ2世の時代は、科学と天文学、芸術が発達したが、その裏では疫病やロンドン大火などの災難に見舞われ、まさに光と闇が同居した世の中をリアルに描き出す。1995年のアカデミー賞美術賞と衣

装デザイン賞を受賞した、豪華絢爛なセットと宮廷ファッションにも注
目だ。

　主演のロバート・ダウニー・Jr（『アベンジャーズ』シリーズ）ほか、サ
ム・ニール（『ピーキー・ブラインダーズ』）、デヴィッド・シューリス（『ラ
ンドスケーパーズ　秘密の庭』）、イアン・マッケラン（『Mr. ホームズ　名探偵
最後の事件』）、ヒュー・グラント（『英国スキャンダル　～セックスと陰謀の
ソープ事件』）と豪華キャスト。

⊙時代背景
チャールズ2世と王政復古

　舞台はチャールズ2世の治世下のロンドン。優秀な医学生のロバー
ト・メリヴェル（ロバート・ダウニー・Jr）は、チャールズ2世（サム・ニ
ール）の愛犬を救ったことで、王のお抱え医師となり、宮廷で華やかな
生活を送る。メリヴェルは命令により、チャールズ2世の愛人シリア
（ポリー・ウォーカー）と形だけの結婚をし、領地と称号を与えられるが、

宮廷での豪華な暮らし　　(C) 2021 Paramount Pictures. All Rights Reserved.

シリアに思いを寄せたことで追放される。失意の彼は、かつての医師仲間ジョン・ピアース（デヴィッド・シューリス）が働く精神病院を訪れる。そこで過去にトラウマを持つ美しい女性キャサリン（メグ・ライアン）に出会い、二人は恋に落ちる。メリヴェルとキャサリンはロンドンに戻るが、町はペスト禍に襲われていた。やがて大火事が起き……。

『恋の闇 愛の光』の物語自体はフィクションだが、ペストやロンドン大火など、ロンドンで実際に起きた事件をもとにしている。

チャールズ2世（在位1660〜1685）は王政復古（英語でレストレーション Restoration という）でイングランド国王となった人物だ。先のイングランド内戦後、父親チャールズ1世が死刑になり、ヨーロッパ大陸で亡命生活を送るチャールズ2世（スコットランドとアイルランドではすでに王として即位していた）は、再びイングランド王になる機会を虎視眈々と狙っていた。護国卿体制の崩壊後、チャールズが革命関係者の大赦や信仰の自由、絶対王政の否定を誓うブレダ宣言を行ったことで、議会はチャールズがイングランド国王になることを承認。1660年5月、イングランドに帰国し、後期ステュアート朝が始まった。

チャールズ2世は即位するとブレダ宣言を反故にし、父親チャールズ1世の死刑執行書に署名した者を処刑、クロムウェルは「国王殺し」として遺体が掘り返されて首がさらされた。また、反ピューリタンの法律が議会を通過し、フランス王ルイ14世と密約を結んで、カトリック復興を図るなどした。

その結果、議会は王権の制限と議会主権を主張するホイッグ党と国教会中心で王を支持するトーリー党のふたつの党派に分かれる。ホイッグ党とトーリー党は世界で初めて誕生した政党だ。

チャールズ2世の時代には、科学、天文学、芸術などが大いに盛り上がったが、その反面、1665年の腺ペストの流行、1666年9月のロンドン大火といった災難にも見舞われた。現在世界中で新型コロナウイルスがパンデミックになっているが、中世ヨーロッパで猛威をふるったの

がペストだ。ペスト菌に感染したネズミを宿主にしたノミによって人間に感染する病気で、腺ペスト、肺ペスト、敗血症ペストなどの種類がある。感染すると、内出血により皮膚が青黒くなるので黒死病（Black Death）とも呼ばれた。映画のなかでも、ペスト禍のロンドンの下町の恐ろしい光景が描かれている。

　イングランドでは 14 世紀から 15 世紀にかけて数年ごとにペストの流行が起こった。冷夏による不作で飢饉が起こり、人々の免疫系が弱っているところにペストの打撃を受けたこともあって、実に人口の 3 分の 1 から 2 分の 1 が死亡したといわれる。

　一方で、ペストにより社会構造も変化した。農村では労働力が少なくなったために、領主・雇い主は高い賃金やより良い条件を労働者に与えなくてはならなくなった。生存者の労働価値が上がったことで、結果として人々の生活が向上したという恩恵もあった。生存者たちは、死亡した村民の農地を安く購入したり借りたりする機会も得られた。

ジェームズ 2 世と名誉革命

　17 世紀末、イングランドには次の革命が起きる。これは名誉革命（Glorious Revolution）、または無血革命と呼ばれる。その名前の通り、武力による戦争のなかった革命だが、名誉革命を描いた映画・ドラマはほとんど見当たらない。やはり戦闘シーンがない地味な革命はドラマとして描きにくいのだろうか。

　チャールズ 2 世は愛人との間に庶子が 17 人もいたが、正妻との間に嫡子が生まれなかった。そのため、1685 年にチャールズ 2 世が死去すると、弟ジェームズがジェームズ 2 世（在位 1685〜1688）として即位する。しかしながら、ジェームズ 2 世はカトリック教徒で（実は兄のチャールズ 2 世も隠れカトリックだった）、重要な役職をカトリック教徒たちに与え、1687 年と 1688 年に信仰の自由宣言を行った。

ウィリアム 3 世とメアリー 2 世

　当初、ジェームズ 2 世には男子の世継ぎがいなかったため、王位継承権はプロテスタントである娘たちに渡るとみられていた。しかし、ジェームズ 2 世がカトリックの妃と再婚し、カトリックの世継ぎとなる男児が誕生すると、ホイッグ党とトーリー党が手を結び、議会はジェームズ 2 世と対立。イングランド内戦から 40 年後、再び国王と議会の関係が危機に陥る。

　ここでにわかにスポットが当たったのが、ジェームズ 2 世の先妻との娘メアリー、その夫のオランダ総督オラニエ公ウィレムである。太陽王ルイ 14 世のライバルでもあり、夫婦共にプロテスタントだった。

　1688 年、ホイッグ党とトーリー党の要請を受け、オラニエ公ウィレムは英南西部に上陸。ジェームズ 2 世は戦わずして、フランスに逃亡した。この結果、ジェームズ 2 世は廃位となり、夫婦はウィリアム 3 世（在位 1689〜1702）、メアリー 2 世（在位 1689〜1694）として即位、ふたりの共同統治が始まる。

　一方で、カトリック教徒たちは名誉革命を認めず、ジェームズ 2 世

が依然として王位の権利をもつと考えた。ジェームズ2世の支持者はスコットランド、アイルランド、フランスに数多くおり、やがてジェームズの支持者はジャコバイト（Jacobite）と呼ばれるようになった（ジェイコブはラテン語でジェームズの意味）。

　議会は1689年に議会制定法により君主の権利を制限する「権利章典」を宣言、ウィリアム3世とメアリー2世はこれに同意した。これにより、議会の承認なしの増税や、平時に議会の承認なしに挙兵することは違法となり、議会では言論の自由が認められることになった。さらに、今後イングランドではカトリックの君主、またはカトリックの配偶者を持つ者の王位継承権を排除することが定められた。君主は依然として権力を持っていたが、議会のほうがより多くの権力を持つようになり、立憲君主制の原則が確立したのである。

───────── **参考になる作品** ─────────

『ゴッド・オブ・ウォー　導かれし勇者たち』（2010）　ショーン・ビーン、エディ・レッドメイン主演のファンタジー・ホラー映画。14世紀のヨーロッパを舞台に、黒死病の蔓延をめぐって黒魔術師と戦う騎士と修道士を描く。

───────── **サントラ** ─────────

『ダークナイト』でグラミー賞 映画・テレビサウンドトラック部門を獲得するなど、数々のハリウッド映画音楽を手がけてきたジェームズ・ニュートン・ハワードによるサントラ。17世紀の宮廷生活を再現する壮麗なクラシック音楽。

女王陛下のお気に入り
THE FAVOURITE *2018*

DATA

◉**監督**
ヨルゴス・ランティモス
◉**脚本**
デボラ・デイヴィス、トニー・マクナマラ
◉**出演**
オリヴィア・コールマン、エマ・ストーン、レイチェル・ワイズ、ニコラス・ホルトほか

◉あらすじ

18世紀のイングランドを舞台に、アン女王の幼なじみで宮廷の権力者マールバラ公の妻サラと上流階級ながら落ちぶれた家の娘であるアビゲイルが、アン女王の寵愛をめぐって闘う姿を豪華絢爛に描くドラマ。

◉見どころ

ギリシャ出身のヨルゴス・ランティモス監督が宮廷を舞台に女性の権力闘争を描いた映画。一見華やかな宮廷だが、その裏では野心や陰謀が渦巻き、貴族たちがそれぞれ成り上がりや生き残りをかけて闘っていた。泥泥の人間模様だが、どことなくコミカルで、何ともいえない空虚

さが残るラストまでまったく飽き
させない。一番の見どころは実力
派女優３人の競演だ。アン女王は
オリヴィア・コールマン（『ザ・ク
ラウン』）、サラはレイチェル・ワイ
ズ（『ナイロビの蜂』）、アビゲイ
ルはエマ・ストーン（『ラ・ラ・ラ
ンド』）。政治に疎くて側近サラに
依存し、そうかと思えば、王の威
厳を示し、ときには従者に怒鳴り
散らすなど感情の起伏が激しい複
雑なアン役を演じたオリヴィア・

アン女王

コールマンは、2018年のアカデミー賞主演女優賞を獲得。

◎時代背景
アン女王とグレート・ブリテン王国の誕生

『女王陛下のお気に入り』の舞台は、スペイン継承戦争中のイングラン
ドだ。フランスと戦うイングランド軍の司令官マールバラ公の妻サラ
は、アン女王の幼なじみであり、女王の側近として宮廷の実権をにぎっ
ていた。アン女王は17人の子供を流産・早逝で失い、同じ数のウサギ
を飼って引きこもりがち。肥満のため、宮殿内の移動にも車いすを使う
有り様で、政策決定などについてサラに依存する生活を送っていた。そ
んなとき、サラの従妹アビゲイルが宮廷にやってくる。上流階級ながら
落ちぶれた家の娘であるアビゲイルは野心家であり、女王の信頼を得よ
うと画策する。やがて、アン女王の寵愛をめぐって、サラとアビゲイル
の駆け引きが始まる……。
　アン女王が子供に恵まれなかったのは史実だが、それ以外のストーリ

ーはフィクションで、亡くなった子供の代わりにウサギを飼っていたという事実はないという。また、アン女王とサラ、アビゲイルの間に肉体関係はなかったと考えられている。

アン女王（在位 1702～1707）は、メアリー 2 世の妹。ウィリアム 3 世とメアリー 2 世の間には子供が生まれなかったため、ふたりが相次いで死亡すると、イングランド女王に即位した。

アン女王治世下の歴史的事件は、1707 年の合同法により、イングランド王国とスコットランド王国が合併してグレート・ブリテン連合王国が誕生したことだろう。イングランドとスコットランドを統一することは、イングランド政府にとって長年の重要案件だった。カトリック問題をめぐる反乱が再び起こったときにスコットランドを即座に掌握する必要があったからだ。

合同法により、スコットランドでは 45 人の議員をイングランドの庶民院、16 人の貴族をイングランドの貴族院に送ることなどが定められた。以降、本書ではこの国の名称を「英国」と称することにする。

ジョージ 1 世とハノーヴァー朝

本作で描かれているように、アン女王は 17 回（18 回という説もあり）妊娠したのに関わらず、嫡子に恵まれなかった。流産、死産、夭折が続き、1 人も成人することがなかったというのは、大変な悲しみであり、アン女王が引きこもりがちだったというのも理解できる。

しかしながら、嫡子がいないということはプロテスタント側にとって大問題だった。名誉革命で廃位となったジェームズ 2 世の息子でカトリック教徒のジェームズ・エドワード・ステュアートが王位を継承することは、何としても避けたかったからだ。オールドプリテンダー（老僭王）と呼ばれたジェームズ・エドワードは、ジェームズ 2 世と共にフランス

に亡命しており、ルイ 14 世からも
イングランドとスコットランドの王
位継承者として認められていた。

　アン女王が 1714 年に死去する
と、議会によって王位はアンの遠縁
でプロテスタントであるドイツのハ
ノーファー選帝侯ゲオルク・ルード
ヴィヒに渡ることが決定された。彼
の母親ゾフィーは、母方を通してジ
ェームズ 1 世の孫であり、チャー
ルズ 2 世とジェームズ 2 世の兄弟
は従兄にあたる。ゲオルクはジョー
ジ 1 世（在位 1714〜1727）として即
位。こうして、ハノーヴァー朝が始まった。

ロバート・ウォルポール
（ジャン＝バティスト・ヴァン・ロー画）

　ジョージはすでに 54 歳で、ドイツで生まれ育ったため、英語を話す
こともできなかった。数年ごとにハノーファーに里帰りし、イギリスの
政治には無関心で議会任せにするなど、英国民には不評の王だった。し
かし、息子のジョージ 2 世共々、外国人で議会任せの国王のおかげで、
第一大蔵卿のロバート・ウォルポールを中心にホイッグ党の政治家たち
が活躍、結果として議会制民主主義政治が確立されることになる。

サントラ

　ヘンデル、ヴィヴァルディ、バッハ、ヘンデルなどバロック音楽の曲
を集めたサウンドトラック。エンドクレジットではエルトン・ジョンの
「Skyline Pigeon」のハープシコード・ヴァージョンが流れる。

PICK UP ㉑ジャイコバイト蜂起

アウトランダー

OUTLANDER 2014~

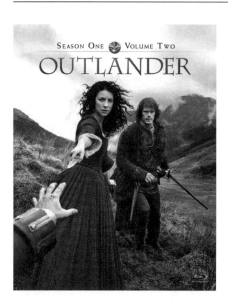

DATA

◎監督
ジョン・ダールほか
◎脚本
ロナルド・D・ムーアほか
◎出演
カトリーナ・バルフ、サム・ヒューアン、トビアス・メンジーズ、ゲイリー・ルイス、グレアム・マクタヴィッシュほか

◎あらすじ

　スコットランド北部のハイランドを舞台に、1945年から1743年にタイムトラベルした元従軍看護婦のクレアが、ふたつの異なる時代でふたりの男性を愛してしまい、運命に翻弄される姿を描く。

◎見どころ

　ダイアナ・ガバルドン原作のベストセラー小説『アウトランダー』シリーズをもとにした英米合作の歴史ファンタジードラマ・シリーズ。

　主人公クレアを演じるカトリーナ・バルフはアイルランド出身のスーパーモデル。ジェイミー役はスコットランド出身の俳優サム・ヒューア

ン。美男美女のふたりが演じる大胆なラブシーンは、「TV シリーズ史上、世界で最も美しいセックスシーン」と称された。タイムスリップした主人公が時代を超えてふたりの男性との愛に悩むという、少女マンガのような展開が恋愛ドラマ・ファンの心をつかんで人気を集めている。2022 年 6 月にシーズン 6 が配信されたばかり。

◎時代背景
悲劇の運命を遂げたジャコバイトの反乱

『アウトランダー』の物語は、1940 年代から始まる。第二次世界大戦中の従軍看護婦だったクレア・ビーチャム・ランダル（カトリーナ・バルフ）は、終戦後、夫のフランク（トビアス・メンジーズ）と共にスコットランドのハイランド地方を訪れる。ストーンサークルで異教の儀式を見た翌日、同じ場所をひとりで訪れたクレアは、突然 1743 年にタイムスリップしてしまう。見ず知らずのマッケンジー一族と過ごすことになっ

ジェイミー（サム・ヒューアン）とクレア（カトリーナ・バルフ）

ジャイコバイト蜂起 ㉑

たクレアは、イングランド軍のスパイの嫌疑をかけられながら、医療の知識を使ってクラン（氏族）の信頼を得ていく。族長の弟ドゥーガル・マッケンジー（グレアム・マクタヴィッシュ）など粗野で乱暴な彼らに抵抗しながらも、だんだん彼らのやさしさやジャコバイトとしての誇りを知って心を通わせる。やがてクレアはこの時代で生き抜くためにハイランダー戦士のジェイミー・フレーザー（サム・ヒューアン）と結婚し、ふたりは激しく愛し合うようになる。クレアはジャコバイトの反乱の結末を知っているため、マッケンジー一族が悲劇的な敗北を遂げるのを阻止しようとするが……。

　ジャコバイトとは、名誉革命でイングランドの王位から追放されたステュアート王朝のジェームズ2世を支持する勢力のこと。ステュアート家はもともとスコットランド系であり、最大勢力はスコットランド北部のハイランドにあった。1715年、ジェームズ・エドワード・ステュアート（老僭王）が王位を目指し、支援者のジャコバイトたちと共にイングランドに対する反乱を起こすが蜂起は失敗、ジェームズ・エドワードは再びフランスに逃れた。1回目のジャコバイト蜂起から30年後の1745年、老僭王の息子でジェームズ2世の孫にあたるチャールズ・エドワード・ステュアートが新たにジャコバイトの反乱を始める。チャールズ・エドワードは、別名ヤング・プリテンダー（若僭王）またはボニー・プリンス・チャーリーと呼ばれた。ジョージ1世はすでに亡く、ジョージ2世（在位1727〜1760）の時代になっていたが、ジョージ2世

も父親同様に英語が得意ではなく、あまり政治に関心がない王だった。

　1745年、ボニー・プリンス・チャーリーはフランスの後押しを得てスコットランドに上陸、ハイランド人が彼のもとに集結した。ジャコバイト軍はエディンバラを掌握し、一時はイングランド北部のダービーまで進軍するが、カトリック教徒であるチャールズは支援者を集められず、ハイランドまで一旦撤退。

「ボニー・プリンス・チャーリー（愛しのチャーリー王子）」と呼ばれ親しまれたチャールズ・エドワード

　翌年、ジョージ2世の三男、カンバーランド公ウィリアム・オーガスタスが率いるイングランド軍がハイランドを攻撃。チャールズ率いるスコットランド軍はインヴァネスに向かうが、全軍力は集まっておらず、食糧や資金も不足していた。

　このようななか、1746年4月16日のカロデンの戦いの日がやってくる。戦局はスコットランド軍に圧倒的に不利であり、撤退の案も出されるが、チャールズはカロデンの湿原で戦うことを主張、戦いが始まるが結果は散々たるものだった。1時間も経たないうちにおよそ1300人が戦死、そのうち1250人がジャコバイト側の戦死者だったといわれ、スコットランド軍は壊滅的な敗北を遂げた。カンバーランド公ウィリアム・オーガスタスは負傷者ですら虐殺し、その容赦ない扱いはその後のスコットランド人の対イングランド感情に影響を与えたといわれる。

チャールズはお尋ね者になり懸賞金がかけられたが、フローラ・マクドナルドという女性の助けにより、スカイ島を経てフランスに逃亡した。ボニー・プリンス・チャーリーは、さまざまな歌や物語に取り上げられ、現在でもスコットランドの英雄として伝えられている。

ジャコバイトの反乱の鎮圧により、スコットランドではゲール語の使用やキルトとタータンの着用が禁止され、スコットランド独自のクラン制度も解体となり、スコットランド人、特にハイランドの人々の生活様式が一変することになった。

サントラ

米作曲家、ベア・マクレアリー（『ゴジラ キング・オブ・モンスターズ』）がサウンドトラックを手がける。バグパイプの音色が印象的なテーマソングは、スコットランド民謡「The Skye Boat Song」をアレンジし、ロバート・ルイス・スティーヴンソンの詩 "Sing Me a Song of a Lad That Is Gone" をのせたもの。シーズンが進み、舞台が変わるごとにフランス風、カリビアン風、アメリカ風に変化する。

ウェールズ、スコットランド、アイルランド

　ここで中世から近世におけるウェールズ、スコットランド、アイルランドの状況についてまとめてみよう。

　ノルマン・コンクエスト以降、ノルマン人の権力者たちはウェールズを征服しようと試みたが、山岳地帯が多い険しい地形もあって、ウェールズを完全に征服することは難しかった。

　12世紀に積極的に対外政策を行ったのはヘンリー2世だ。当時、ウェールズではオウェイン・グウィネッズがウェールズ大公（プリンス・オブ・ウェールズ　Prince of Wales）と称して勢力を増していた。ヘンリー2世はウェールズに遠征を行うが、南部を掌握するにとどまる。また、ヘンリー2世は無政府時代にスコットランドのデヴィッド1世に奪われたイングランド北部のカンバーランド、ノーサンバランドなどを、スコットランド王のマルコム4世に返還させ、1157年に臣従礼をさせた。さらに、アイルランドにも侵攻、1175年にウィンザー条約により、ヘンリー2世の宗主権が承認された。これが後のイングランドによるアイルランド征服につながっていく。

　エドワード1世は、1270〜80年代にかけて、ウェールズ侵攻を開始。ウェールズ大公サウェリン・アプ・グリフィズ（英語名ルウェリン）のグウィネッズ公国を破り、1301年にウェールズ大公の称号を自分の息子（後のエドワード2世）に与えた。これ以来、イングランドの王太子はプリンス・オブ・ウェールズ（Prince of Wales）を名乗る習慣となった。エドワード1世は、スコットランドの王位継承争いにも介入する。1291年にジョン・ベイリャルをスコットランド王にして臣従を要求。スコットランド国内でイングランドへの反発が高まると、1296年にスコットランドに侵攻、ジョン・ベイリャルを廃位して、王権を自分に譲ることも認めさせると、スコットランド王が戴冠式で使うスクーンの

スクーンの石がはめ込まれた椅子

石を持ち去り、ウェストミンスター寺院の国王の椅子にはめ込んだ。スクーンの石は、1996年に約700年ぶりにスコットランドに返還されている。

1536年には、ヘンリー8世が「合同法」により、ウェールズをイングランドに合併する。

アイルランド侵略が本格的に始まったのは、エリザベス1世の時代。カトリック教徒が主流のアイルランドでは、イングランド王の支配への反感が根強く、エリザベスの治世中もイングランドに対する大規模な反乱が度々起こっている。反乱を起こした者を取り締まるために村全体を焼く命令を出すなど、エリザベスの戦略は徹底していた。

イングランド内戦時には、処刑されたチャールズ1世の息子チャールズ王太子を王にしようとする反乱がアイルランドで始まった。1649年、オリヴァー・クロムウェル率いるイングランド軍がアイルランドを侵略、多数の住民を虐殺した。その結果、カトリック教徒所有の土地が没収され、イングランドからの入植者に渡り、多くのアイルランド人がアイルランド西部に追い払われ、カトリック教の信仰が禁止になるなど、イングランドによるアイルランド植民地化が進んだ。

名誉革命は無血革命とも呼ばれているが、実はアイルランドとスコットランドでは多くの血が流された。両国ではカトリック教徒が多かった

ため、ウィリアム 3 世はアイルランドとスコットランドに兵を送り、武力により反乱を取り締まった。これは無血どころの話ではなかった。1689 年、フランスに逃亡したジェームズ 2 世は、ルイ 14 世によって手配された兵と共にアイルランドで挙兵。アイルランドのカトリック教徒たちは、ジェームズ 2 世の治世のもとでは良い待遇を受けていたこともあって、プロテスタントのウィリアム 3 世から王位を奪い返すためにジェームズ 2 世を支持した。当初はアイルランド・フランス連合軍が優位だったが、翌年になると、ウィリアム率いるイングランド軍がベルファストを奪回、1690 年 7 月に最後の決戦であるボイン川の戦いでイングランド軍が大勝利をおさめると、ジェームズ 2 世はフランスに亡命し、イングランドに二度と戻ることはなかった。

　アイルランドでは現在でも、プロテスタントの一部が自らをオレンジメンと呼び、ボイン川の戦いの勝利を毎年祝っている。

　アイルランドのカトリック教徒は、空位期間と名誉革命中に多くの土地の所有権を失った。1640 年、カトリックはアイルランドの土地の 60 ％を所有していたが、1689 年までに 20 ％までに減少、残りはプロテスタントの手に渡ったという。

　一方、スコットランドでは、イングランド内戦中、チャールズ王太子（チャールズ 2 世）がスコットランド王を宣言。亡命先のフランスからスコットランドに到着するが、これに対し、クロムウェルはイングランド軍を率いて 1650 年にダンバーの戦い、1651 年にウースターの戦いでスコットランド軍を破った。チャールズはフランスに再び亡命、スコットランドのほとんどの地域がイングランドに掌握された。

　名誉革命では、スコットランド北部ハイランドに住むカトリック教徒たちがジェームズ 2 世を支持し、ウィリアム 3 世に対して武装蜂起する。1689 年、初代ダンディ子爵ジョン・グレアム率いるジャコバイト軍はキリークランキーの戦いで勝利するが、ダンディ子爵が戦死すると、ジャコバイト軍は弱体化した。ハイランド人たちはクラン（Clan）

と呼ばれる氏族からなり、氏族同士の利害関係もあって内部で対立しており、組織化していなかったからだ。

　1692年、ハイランドのグレンコーでマクドナルド氏族が虐殺されるという事件が起きる。ハイランドの氏族たちは、ウィリアム3世への忠誠を誓う署名を求められていたが、マクドナルド氏族は不運が重なって署名を届けるのが数日遅れてしまったのだ。このため、マクドナルド氏族のライバルで、イングランド寄りのキャンベル氏族の進言により、マクドナルド氏族の粛清が実行される。2月1日、ロバート・キャンベル大尉率いる連隊が調査目的でグレンコーを訪れた。ハイランドでは、客人には宿と食事を提供するのが風習であり、連隊は12日間にわたり、もてなしを受けた。しかし、2月13日早朝に族長と子供を含む38人が虐殺され、村が焼け払われる。実行犯はキャンベル氏族だったが、黒幕はウィリアム3世だった。これにより、ハイランドにおけるウィリアム3世の信用は急落、ジャコバイトの残党が数多く残ることになり、その後の蜂起につながっていった。

　このグレコンコーの虐殺は、人気シリーズ『ゲーム・オブ・スローンズ』で主要キャラクターが惨殺されたレッド・ウェディング（シーズン3第9話「キャスタミアの雨」）の元ネタになったと原作者のG・R・R・マーティンが明かしたことでも有名だ。

第四章 近世のイギリス

大英帝国への道のり

英国万歳！

THE MADNESS OF KING GEORGE *1994*

DATA

⊙**監督**
ニコラス・ハイトナー
⊙**脚本**
アラン・ベネット
⊙**出演**
ナイジェル・ホーソーン、ヘレン・ミレン、イアン・ホルム、アマンダ・ドノホー、ルパート・グレイヴス、ルパート・エヴェレットほか

⊙**あらすじ**

　18世紀後半、ハノーヴァー朝3代目の国王ジョージ3世が突然乱心する。宮廷でさまざまな政治的陰謀や思惑が交錯するなか、精神疾患治療に定評のある医師ウィリスが荒療治を行なっていく。

⊙**見どころ**

　1991年初演のアラン・ベネット脚本の舞台劇を映画化。国王ジョージ3世の精神疾患にまつわる実話をもとに、英王室の騒動をダークな笑いでつづるコメディ。突然精神錯乱に陥った王とそれに振り回される王妃や侍従、権力を取ろうとする王太子や野党政治家などが絡む、ドタ

バタ人間ドラマでもある。

　ジョージ3世役のナイジェル・ホーソーン（『アミスタッド』）はじめ、ヘレン・ミレン（『クイーン』）、イアン・ホルム（『炎のランナー』）らベテラン俳優の演技を堪能。1994年のアカデミー賞美術賞と1995年の英国アカデミー賞の主演男優賞（ナイジェル・ホーソーン）を受賞。

◉**時代背景**

ハノーヴァー朝はどのような時代だったか

『英国万歳！』の舞台は1788年の英国。ジョージ3世（ナイジェル・ホーソーン）は子煩悩で妻想い、愛する家族に囲まれて、国民からも親しまれる王だったが、ジョージ王太子（ルパート・エヴェレット）の放蕩ぶりやアメリカ独立戦争の敗北など悩みは尽きなかった。あるとき、ジョージ3世は腹痛を訴えるが、このとき以来異常行動が増え、錯乱状態になる。シャーロット王妃（ヘレン・ミレン）は取り乱し、ジョージ王太子はこの機会に摂政となって権力を手に入れおうと画策、政権交代を阻止したい政治家や治療方法について思いをめぐらす医師たちなど、さまざまな人間の思惑が入り乱れ、宮廷は大混乱に陥る。そこに変わり者の医師ウィリス（イアン・ホルム）が雇われ、国王を一人の患者として扱い、荒療治の治療を行なっていく。ジョージ王太子を摂政にする法案が議会にだされる

ジョージ3世（ヨハン・ツォフォニー画）

現在の英国首相官邸

が、審議中にジョージ3世が議会に到着、正常になった王は国民に歓迎され、愛する王妃や家族とも再会し、ますます絆を深める……。

　ジョージ3世（在位1760〜1820）の精神疾患は史実にもとづいており、ポルフィリン症が原因といわれている。晩年にポルフィリン症が再発するまで、国王夫妻は幸福な結婚生活を送ったという。ジョージ3世はこの時代の国王には珍しく、妻思いで愛人はもたず、15人の子供に恵まれた。映画のなかでも、オシドリ夫婦ぶりと夫婦愛に心がほっこりするほどだ。

　ジョージ1世とジョージ2世は、ドイツ生まれのドイツ育ちで、英語も話せず、英国の政治にはあまり関心がなかったが、ジョージ3世は祖父、曽祖父とは異なり、英国生まれで英語を話し、ドイツに里帰りに行くこともなかったという。ジョージ3世の治世はおよそ60年にわたって続いたが、七年戦争、アメリカ独立戦争、ナポレオン戦争と戦争続きの激動の時代だった。

名誉革命以降、英国は君主と議会（貴族院・庶民院）によって統治されていたが、ハノーヴァー朝時代ではさらに君主から議会へと支配権が渡り、議会が政治的な権力をにぎるようになる。議会の第一人者が首相（プライム・ミニスター Prime Minister）として政務を司ることになり、1721年から1742年まで、第一大蔵卿を務めたロバート・ウォルポールは英国初の首相とと呼ばれた。ダウニング・ストリート10番地は、ジョージ2世がウォルポールに与えた邸宅で、ウォルポールは後任の第一大蔵卿に引き渡したが、以降それが伝統となって、10番地は英首相官邸になった。

　また、ハノーヴァー朝時代は、英国が世界各地に領土を拡げ、大英帝国を築き始めた時代でもあった。英国ではすでに農業や製造業が栄えていたが、1760年代に世界初の産業革命が始まったことで、大規模な変化が起こる。工場が建てられ、新しい機械や技術が導入されたうえに、運河が発達し、蒸気機関車の発明により、長距離間でも短時間に物品を輸送することができるようになった。世界各地との貿易により、英国は巨大な利益を得ていく。

サントラ

　サウンドトラックは、英国で活躍したドイツ出身の後期バロック音楽の作曲家、ヘンデルの曲をフィーチャー。ヘンデルはジョージ2世の戴冠式のために『戴冠式アンセム』を作曲するなどしており、英国の多くの行事でヘンデルの曲が使用されている。

ドイツからやってきたハノーヴァー朝 ㉒

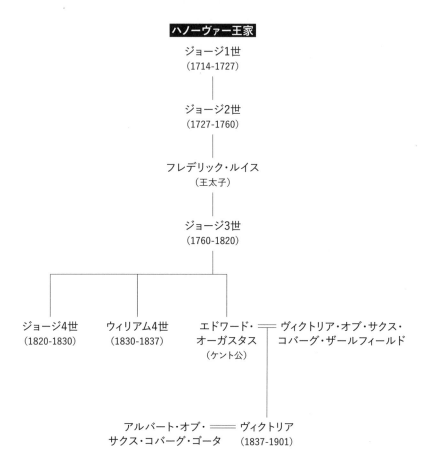

ハノーヴァー王家

ジョージ1世
(1714-1727)

ジョージ2世
(1727-1760)

フレデリック・ルイス
(王太子)

ジョージ3世
(1760-1820)

ジョージ4世　　　ウィリアム4世　　　エドワード・　＝　ヴィクトリア・オブ・サクス・
(1820-1830)　　　(1830-1837)　　　オーガスタス　　　コバーグ・ザールフィールド
　　　　　　　　　　　　　　　　　　（ケント公）

アルバート・オブ・　＝＝＝　ヴィクトリア
サクス・コバーグ・ゴータ　　(1837-1901)

英国とアメリカの関係

『英国万歳！』では、錯乱状態になったジョージ 3 世が、独立戦争で英国から独立を勝ち取った米国に対して、未練がましく「アメリカは植民地だ！」と罵るシーンがある。

　英国がアメリカに植民地を作りはじめたのは、1600 年代のこと。1607 年にヴァージニア会社が北米ヴァージニアに入植し、ジェームズタウンを建設。1620 年にメイフラワー号に乗ってやって来たピューリタンたちがマサチューセッツを築くなど、英国で貧困生活にあえぎ、弾圧を受けていた人々が新世界を目指して定住地を開拓、原住民を支配下において植民地化を開始した。

　一方、1756 年から 1763 年の間、プロイセンとオーストリアの対立を中心に、ヨーロッパや北米、インドなどの植民地で七年戦争と呼ばれる戦争が起こり、プロイセン側についた英国とオーストリアと同盟を組んだフランスの間の植民地競争に発展。その結果、英国はフランスに対する勝利をおさめ、パリ条約で、カナダ、ルイジアナ、フロリダ、西インド諸島などの植民地を獲得。インド、北米での植民地争奪戦における英国の勝利と植民地拡大を決定づけた。

　1775 年までに英国は北米に 13 の植民地を所有していた。それまで英政府はヨーロッパ内での戦争や内戦のため、植民地はほぼ干渉をしておらず、入植者たちは民主的な町内集会や陪審員による裁判を行なっていた。しかし、七年戦争で財政難に陥った英政府は、アメリカ植民地にさまざまな税金を課すようになる。1765 年の印紙法、1767 年のタウンゼント諸法により、植民地の不満は高まり、武力による抗議が起きることもあった。1773 年の茶法は英国の東インド会社にアメリカ植民地の茶市場の独占を認めるもので、植民地側は抗議のためにボストン港で東インド会社の茶の荷を海に投げ捨てた。これは「ボストン茶会事件」とし

ボストン茶会事件

て知られる。

　1774年、13の植民地から12の議会の代表が第1回大陸会議を結成。ジョージ3世に対し、課税と重圧的な管理を辞めなければ英本国との通商は止めると訴えた。ジョージ3世はこの訴えを拒否したため、アメリカ独立戦争が始まり、1776年に13植民地は独立を宣言、英国は13の植民地を失う。1783年のパリ条約で戦争が終わり、英国はアメリカの独立を認めた。

アメイジング・グレイス

AMAZING GRACE *2006*

DATA

◉監督
マイケル・アプテッド
◉脚本
スティーヴン・ナイト
◉出演
ヨアン・グリフィズ、ロモーラ・ガラ
イ、ベネディクト・カンバーバッチ、
アルバート・フィニー、ルーファス・
シーウェル、ユッスー・ンドゥール、
マイケル・ガンボンほか

◉あらすじ

　18世紀のイングランドを舞台に、英政治家ウィリアム・ウィルバー
フォースが、20年という年月をかけて奴隷貿易廃止を実現させていく
姿を名曲「アメイジング・グレイス」にのせて描く伝記映画。

◉見どころ

　奴隷貿易廃止を求めて議会で闘っていくうちに、身も心もボロボロに
なってしまったウィルバーフォースをヨアン・グリフィズ(『ファンタス
ティック・フォー』シリーズ)が演じる。ウィリアム・ピット首相はベネ
ディクト・カンバーバッチ(『ドクター・ストレンジ』シリーズ)。奴隷船に

まつわる自身の過去を悔いて聖職者となったジョン・ニュートンはアルバート・フィニー（『オリエント急行殺人事件』）。

　特に派手な演出もないが、時間軸をクロスさせ、ウィルバーフォースの病気や、政治家たちの駆け引き、国会議員たちの攻防戦を絡みながら、奴隷貿易の悲惨さと奴隷貿易廃止を求めるウィルバーフォースの執念の活動を丹念に描いた良作になっている。

⊙時代背景
大英帝国の負の遺産、黒人奴隷貿易

　物語は 1797 年から始まる。持病に苦しみ、心身共に疲れ果てたウィリアム・ウィルバーフォース（ヨアン・グリフィズ）は、バースに住む従兄のヘンリー・ソーントン宅に身を寄せるが、そこで美しい女性バーバラ・スプーナー（ロモーラ・ガライ）に出会う。ウィルバーフォースは彼女にこれまでの経緯を話し始める。さかのぼること 15 年前の 1782 年、若き国会議員ウィリアム・ウィルバーフォースは友人のウィリアム・ピット（ベネディクト・カンバーバッチ）と共により良い社会にするための理想に燃えていた。ウィルバーフォースの恩師であるジョン・ニュートン（アルバート・フィニー）は、かつて奴隷船の船長として奴隷の輸送に関わった過去を悔いて、現在は聖職者として神に身を捧げていた。ウィルバーフォースはニュートンが作詞した「アメイジング・グレイス」を心の支えに、賛同者グループと共に奴隷貿易廃止を訴え始める。しかし、彼の前に立ちふさがる壁は厚かった。奴隷貿易によって巨額の富を得ている貴族や既得利権を持つ議員たちは彼の訴えに聞く耳すら持たず、奴隷廃止法案は否決される。失意のウィルバーフォースは政界からの引退を考えるが、彼の信条を理解し心の支えになってくれるバーバラに出会い、ふたりは結婚する。ウィルバーフォースは再び奴隷貿易廃止運動に身を投じていく……。

ウィルバーフォースがバーバラと
出会って2週間でプロポーズした
というのは史実だそうだ。結婚式で
ふたりが賛美歌「アメイジング・
グレイス」を歌い上げるシーンも
良い。実に20年という歳月をかけ
て、1807年に議会で奴隷貿易廃止
法案が可決されるラストシーンが感
動的だ。

ウィリアム・ウィルバーフォース

　大英帝国の影といえる黒歴史のひ
とつが黒人奴隷貿易である。奴隷貿
易は、1492年にコロンブスがアメリカ新大陸を発見し、スペインが西
インド諸島の先住民インディオの強制労働を使ってプランテーションを
作り始めたところから始まる。過酷な労働によりインディオの数が激減
したため、プランテーションの働き手として、先住民の代わりにアフリ
カからの奴隷が輸入されるようになった。
　1600年代までに英国、オランダ、フランスは、スペイン人に奴隷を
売るための交易所をアフリカにつくり、大西洋奴隷貿易が確立された。
アフリカで捕らえられた黒人奴隷は、ヨーロッパからの奴隷商人に売ら
れ、鎖でつながれたまま奴隷船に連れられ、大西洋を渡る数週間、鮨詰
め状態で船底に横たわったまま運ばれるという過酷さだった。この移動
だけで1100万人以上のアフリカ黒人が死亡したといわれている。奴隷
たちは西インド諸島や北米、中南米のプランテーション所有者に売られ
たが、プランテーションでの労働は過酷で、賃金はなく長時間労働を強
いられた。過酷な労働に耐えきれずに逃亡した奴隷は発見されると厳し
い罰を与えられ、ときには殺されることもあったという。
　1700年代になると英国は大西洋奴隷貿易の中心的存在となり、西イ

ンド諸島とアメリカに自分たちのプランテーションを持つようになった。まず、英南西部ブリストルや北西部リヴァプールの港から安い商品の貨物を乗せて船が出港し、アフリカ西岸で商品が奴隷と交易され、大西洋を渡って西インド諸島や北米で奴隷を売り、帰りの船でプランテーションからの物品が英国に輸送されるという仕組みだ。三地点を結んで交易が行われることから、これを「三角貿易」と呼ぶ。三角貿易によって、港は豊かになり、ブリストル、リヴァプール、ハル、ランカスターといった都市が発展を遂げた。プランテーションでは、綿、タバコ、砂糖などが栽培され、プランテーション所有者は莫大な利益を英国にもたらした。また、プランテーションで生産された安価な綿により、英国の織物産業は発展を遂げ、産業革命の重要な部分を形成した。奴隷貿易に関わった英国人たちは、奴隷貿易であげた利益を銀行への投資や科学技術の発明資金へと利用し、大英帝国の発展を支えるものになった。

　一方で、奴隷制度の廃止を訴えた人々もいた。映画『アメイジング・グレイス』で描かれているように、18世紀後半の英国ではウィリアム・ウィルバーフォースやグランヴィル・シャープといった人々が、法廷や議会で奴隷制度に反対を訴えた。しかしながら、奴隷貿易で莫大な利益を得られることから奴隷制度存続を望む人々が多く、廃止への道のりは険しかった。英国で奴隷貿易が禁止になったのは1807年、奴隷制度そのものが廃止になったのは1883年のことだった。

　さて、奴隷売買禁止から200年余りが経った2020年、米国で警官による過剰な暴力行為で黒人男性ジョージ・フロイド氏が死亡した事件をきっかけにブラック・ライヴズ・マター（Black Lives Matter）運動が世界各地に広がった。英国でもかつての黒人奴隷制度が批判の対象になり、奴隷貿易の拠点となったブリストルなど各地で奴隷貿易に関係していた人物の像が倒されるという騒ぎが起きた。改めて、大英帝国の発展の影にあった犠牲と英国史の闇である奴隷貿易を記憶していくことが大切だろう。

『007』シリーズなどを手がける英作曲家、デヴィッド・アーノルドによるサウンドトラック。映画のテーマにもなっている曲「アメイジング・グレイス」は、実際に元奴隷船の船乗りで後に牧師になったジョン・ニュートンが作詞した賛美歌。同曲のバグパイプ・ヴァージョンも有名だ。

PICK UP ㉔ 七つの海を制したイギリス海軍

マスター・アンド・コマンダー

MASTER AND COMMANDER: THE FAR SIDE OF THE WORLD *2003*

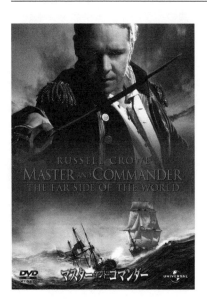

DATA

◉ **監督**
ピーター・ウィアー
◉ **脚本**
ピーター・ウィアー、ジョン・コリー
◉ **出演**
ラッセル・クロウ、ポール・ベタニー、ビリー・ボイド、ジェームズ・ダーシーほか

◉ **あらすじ**

　ナポレオン戦争中の 1805 年、ジャック・オーブリー率いる英軍艦 HMS サプライズ号が、太平洋でフランス海軍のアケロン号を拿捕するという任務を受け、意表をつく作戦でアケロン号との戦いに挑んでいく。

◉ **見どころ**

　パトリック・オブライアン原作の海洋冒険小説を映画化した戦争アクション。オーブリー艦長に扮するのはラッセル・クロウ（『ソー：ラブ＆サンダー』）、親友で博物学者でもあるマチュリン軍医はポール・ベタニ

ー（『ワンダヴィジョン』）。2003年アカデミー賞の撮影賞、音響編集賞を受賞。

数々の戦いに勝利し、ラッキー・ジャックと呼ばれている名艦長と軍医の友情、艦長と少年士官候補生たちの絆、乗組員たちの信頼関係を描いていく。女性の出演はほぼなく、全編にわたり、男臭さが漂う海の男たちの物語だ。2艘の帆船の至近距離での大砲の撃ち合い、敵の船に乗り移っての白兵戦など、迫力たっぷりの海戦シーンが展開する。

⦿ **時代背景**

大海を制した英王立海軍

『マスター・アンド・コマンダー』の舞台は1805年の南太平洋。ジャック・オーブリー（ラッセル・クロウ）が艦長を務める英軍艦サプライズ号はフランス軍のアケロン号を拿捕する任務を追うが、霧の中でアケロン号からの不意打ちに合い、大損害を受ける。船の規模もスピードも砲台数も勝るアケロン号をオーブリーは追う。嵐や日照りなどの過酷な船上生活のなかで、乗組員の間に不満が高まり、オーブリーと軍医のスティーヴン・マチュリン（ポール・ベタニー）が対立しながらも、サプライズ号はアケロン号を追い詰めていく……。

サプライズ号

『マスター・アンド・コマンダー』では、士官が夜はテーブルでディナーを食べ、ネルソン提督の思い出話に花を咲かせ、食後はバ

七つの海を制したイギリス海軍 ㉔

イオリンとチェロの演奏を楽しむのに対し、乗組員たちはハンモックで眠り、夜は配給の酒とダンスと歌で盛り上がるなど、階級差を対比するような描写が興味深い。士官候補生の少年たちは、子供ながらも紳士として扱われ特権を持つが、その一方で乗組員たちを指揮する責任を負い、危険な場所に率先して身を投じて戦うなど、貴族・上流階級の「ノブレス・オブリージュ（高貴な身分にともなう義務）」が随所に見られる。また、規則を破った乗組員に鞭打ちという厳しい罰が与えられるシーンがある。海軍の長距離航海の生活は過酷で、船内には厳格な規律がある。一度陸を離れると長い日数を海上で過ごし、顔を合わせるのはいつも同じメンバー、気晴らしになるのは何もなく、食糧や水の量にも限りがある。嵐や高波などの危険に常にさらされ、いつ敵の艦隊や海賊に襲われるかどうかもわからない。規則を破るということは即ち「死」を意味する海軍において、秩序を守ることが絶対の掟だったのだ。

　英王立海軍には戦いに従事するほかにもう一つの使命があった。それ

食事を楽しむ士官たち　©2003 Twentieth Century Fox Film Corporation, Miramax Film Corp., Universal City Studios LLLP. All Rights Reserved.

は世界各地の調査や測量を行うことで、世界地図を作るために世界中を航海し、北極や南極の探検も行なった。18世紀後半、水兵から勅任艦長への出世を遂げたキャプテン・クックことジェームズ・クックはエンデバー号で南太平洋の探検など

3度にわたる長距離航海を行う。19世紀、英海軍の測量船ビーグル号に乗ったチャールズ・ダーウィンはガラパゴス諸島など世界一周旅行をして、『種の起源』を発表した。20世紀に入ってからは、ロバート・スコット海軍大佐とアーネスト・シャクルトンがディスカバリー号やテラ・ノヴァ号、エンデュアランス号などで南極探検を行なっている。

　本作で描かれる英王立海軍とフランス海軍の一連の戦いは、ナポレオン戦争の一環である。英国とフランスは、ルイ14世からナポレオンの時代まで、ヨーロッパ内の紛争や北米などの植民地をめぐり、100年以上にわたって断続的に戦争を行っており、これを第2次百年戦争と呼ぶ歴史家もいる。18世紀にはスペイン継承戦争、七年戦争、フレンチインディアン戦争、アメリカ独立戦争などが続き、その結果、英国がフランスに勝利して制海権を手中に収めるのである。

　英国人が大好きな歌に『ルール・ブリタニア（Rule, Britannia!）』という曲がある。ロイヤル・アルバート・ホールで行われるクラシック音楽の人気イベント『BBCプロムス』最終日の定番になっているほか、祝典イベントなどでもよく歌われる曲だ。ブリタニアとは英国を擬人化した女神であり、大英帝国が世界を支配することを高らかに歌う内容である。その歌詞は、"Rule, Britannia! Britannia, rule the waves（英国よ、大海

七つの海を制したイギリス海軍　㉔

ワーテルローの戦い（ウィリアム・サドラー画）

を支配せよ！）"で、七つの海を支配した海洋王国、英国の並々ならぬ誇りが感じられる。大英帝国の繁栄には英海軍の力と功績が大きかったことが、この歌からも読み取れる。

ナポレオン戦争の終焉

　ナポレオン軍はロシア遠征で失敗を犯し、ヨーロッパ各国がナポレオンに反旗を翻すようになる。1814年、ナポレオンは皇帝の座から退位し、エルバ島に流刑になるが、1815年に逃亡してパリに戻ると、再び皇帝に返り咲き、ベルギーの村ウォータールーで英軍を攻撃する。

　この戦いの模様は映画『ワーテルロー』で詳しく描かれる。英軍の指揮は、ウェリントン公アーサー・ウェルズリー元帥。英国の海のヒーローがネルソン提督なら、陸のヒーローはウェリントン公だ。ウェリントン公の指揮力とブリュッヘル元帥率いるプロシアンの支援もあって、英軍は勝利を収め、ナポレオンの復位は終焉を迎えた。これは「百日天下」と呼ばれる。ナポレオンはセントヘレナ島に流刑となり、1821年に死去した。一方、ウェリントン公は、トーリー党の政治家になり、英首相を2回務めている。

『ワーテルロー』(1969)　ウェリントン公率いる英オランダ連合軍とプロイセン軍が、ナポレオン率いるフランス軍を相手に、ベルギーで対決したウォータールーの戦い（ワーテルローはフランス語読み）を壮大なスケールで描く。出演はロッド・スタイガー、クリストファー・プラマーほか。

　オーストラリアの作曲家クリストファー・ゴードンと演奏家リチャード・トグネッティがサウンドトラックを手がける。ふたりのオリジナルスコアに加えて、バッハやモーツァルトなどのクラシック音楽、フォークソングも織り交ぜる。劇中、オーブリーとマチュリンがヴァイオリンとチェロで演奏しているが、実際にラッセル・クロウとポール・ベタニーが楽器を習い演奏したという。

COLUMN **数奇な運命をたどった女性その⑦**

エマ・ハミルトン

軍事の天才・フランス皇帝
のナポレオン・ボナパルトか
ら英国を救った英雄が、英国
史上最も優れた海軍艦隊司
令官として知られるホレイ
ショ・ネルソン提督だ。ロ
ンドンの観光名所トラファ
ルガー・スクエア（Trafalgar
Square）にあるネルソン提督
の記念柱の上に立つ人物とし
ても有名である。

フランスでは 1789 年にフ
ランス革命が起き、国王ルイ
16 世が処刑されて共和制と

エマ・ハミルトンの肖像（ジョージ・ロムニー画）

なった。フランス共和国は隣国から干渉されることを嫌って新体制を守
ろうとし、英国をはじめヨーロッパ諸国も革命が自国に飛び火しないよ
うにするため、双方の間で戦争が始まる。

1792 年 4 月、フランスはオーストリアに宣戦布告し、ヨーロッパ全
域に領土を広げていった。ヨーロッパ諸国は同盟を組んで、フランス軍
と対抗しようとしたが、次々に敗退、1801 年の時点で唯一英国だけが
フランスと戦い続けていた。

フランス軍の総司令官ナポレオン・ボナパルトは 1804 年に皇帝とな
り、軍事的才能、指導力により、ヨーロッパにフランス帝国を築き上げ
ることになる。勢いに乗ったナポレオン軍は英王立海軍と対決する。

王立海軍の指揮官はホレイショ・ネルソン提督。1797 年のサン・ビ

セント岬の海戦、1798年のナイルの海戦、1801年のコペンハーゲンの海戦、そして1805年のトラファルガーの海戦の四大海戦で勝利をもたらしたことで名前を馳せている。カルビー湾攻略の戦いで右目を失い、カナリア諸島での戦いで右腕を負傷して切断、隻腕隻眼で戦うネルソン提督は、数々の海戦で英国に勝利を導いた一方で、私生活ではダブル不倫により社交界にスキャンダルを巻き起こした。

　不倫の相手はナポリの駐英公使ウィリアム・ハミルトンの妻エマ・ハミルトン。エマは英北部チェシャーの鍛冶職人の父のもとに生まれ、ロンドンに上京するとその天使のような美しさで、若くして貴族の愛人となり、16歳の時に子供も出産している。その後、エマはチャールズ・グレヴィル卿の寵愛を受けるようになり、彼の友人で肖像画家のジョージ・ロムリーはエマをモデルに60作以上の作品を残した。しかし、財政困難に陥ったグレヴィル卿は裕福な女性との結婚を進めるために、叔父のナポリ公使ハミルトン卿のもとにエマを送り込む。その計画が功を奏し、エマが26歳の時にふたりは正式に結婚した。ハミルトン卿はエマの34歳年上だった。

　エマがナポリ公使夫人としてフランスと抗戦中のネルソンと初めて出会ったのは1793年のこと。5年後ふたりは再会するが、ネルソンは戦いで右腕切断という変わり果てた姿になっており、エマはショックを受ける。戦争続きで疲労困憊していたネルソンは1年半の間ハミルトン宅に滞在、エマはネルソンを看護し、ハミルトン卿もネルソンを時には友人として、時には息子のように扱ったという。そんなネルソン提督とエマが許されぬ恋に落ちてしまうのだ。提督とエマの不倫はスキャンダルだったが、ハミルトン卿も公認という不思議な関係だった。1801年、ロンドンに戻ったエマは娘ホレイシアを出産する。

　1805年10月21日、ナポレオン戦争最大の海戦であるトラファルガーの海戦が行われた。ナポレオンはフランスとスペインの連合艦船を率いて、スペイン南岸のカディスで英海軍を攻撃。ネルソン提督が戦闘

七つの海を制したイギリス海軍 ㉔

開始の際に、信号旗で「英国は各員がその義務を果たすことを期待する（"England expects that every man will do his duty."）」というメッセージを送って、兵士たちの士気を揚げたのは有名な話だ。王立海軍は 32 隻、仏西連合艦隊は 40 隻とイギリス側が不利な戦いだったが、ネルソン提督の艦隊は、敵の艦隊に横から二手に分かれて突っ込むという危険な作戦「ネルソン・タッチ」を行い、連合艦隊の 22 隻を大破・拿捕するという歴史的な勝利をおさめる。しかしながら、旗艦ヴィクトリー号の甲板に立ち続けて指令を出していたネルソン提督は敵の弾を受けて命を落とす。享年 47。英国を救う一大決戦で、自ら先頭に立って戦い、壮絶な死を遂げるという、英雄にふさわしい最期だった。

　ネルソンはエマと娘の扶養を遺言に残していたにもかかわらず、エマは夫の遺産も年金も受け取ることができず、貧困に苦しみ続け、最後は債権者から逃れるためにフランスのカレーに渡り、アルコール依存症で孤独に死んだという。

　ネルソンとエマの許されぬ恋愛を描いたのが、映画『美女ありき』(1940) だ。ネルソン提督を演じたのはローレンス・オリヴィエ、エマはヴィヴィアン・リー。当時、ふたりはそれぞれ離婚が成立して再婚したばかり。つまり、この『美女ありき』では、不倫を乗り越えて結ばれたふたりが、不倫の許されざる恋愛を演じているわけだ。美男美女カップルの美しさには、目を見張るばかり。バルコニーでの世紀をまたぐキスなど、名シーンも心に残る。

TABOO タブー

TABOO *2017*

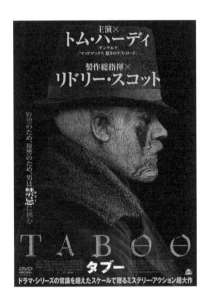

DATA

◉製作総指揮
リドリー・スコット、トム・ハーデ
ィ、スティーヴン・ナイト
◉脚本
スティーヴン・ナイト
◉出演
トム・ハーディ、ジェシー・バックリ
ー、ウーナ・チャップリン、マーク・
ゲイティス、スティーヴン・グレア
ム、ジョナサン・プライスほか

◉ **あらすじ**

　19世紀初めのロンドンを舞台に、アフリカ帰りの謎の男ジェームズ・
ディレイニーが、東インド会社をめぐる巨大な陰謀と対決しながら成り
上がっていく様子を描く。

◉ **見どころ**

　英俳優トム・ハーディと巨匠リドリー・スコットが製作総指揮、『ピ
ーキー・ブラインダーズ』のスティーヴン・ナイトが脚本を手がけた
BBCドラマ・シリーズ。

　今作の魅力は、何といってもトム・ハーディ（『マッドマックス　怒りの

デス・ロード』）だ。トム・ハーディが原案・製作総指揮・主演を務め、ハーディによるハーディのための作品という言葉がぴったり。寡黙で、孤独で、残虐で、しかし秘めたる情熱とやさしさを持つディレイニーの姿にぐいぐい引き込まれていく。母親譲りの霊能力、奴隷貿易にまつわる過去、腹違いの妹との禁断の恋など、ディレイニーの周りは常に謎と秘密に包まれている。

摂政時代の王室・上流社会の贅沢な生活、それと対照的な貧しい庶民の厳しい暮らしぶり、そしてオカルトのような呪術や死生観など、禍々しいほどまでのダークさがいい。トムの実父で劇作家のチップス・ハーディも原案・企画に携わっており、父親と息子の関係がテーマである本作に特別な意味を加えている。シーズン2の製作も発表されているが、現在のところ撮影は未定。

⦿時代背景
東インド会社が果たした役割

物語の主人公は、アフリカで死んだと思われていた男ジェームズ・ディレイニー（トム・ハーディ）。1814年、ジェームズが父親ホレース（エドワード・フォックス）の葬式に突然現れる。ホレースが残したのは、北米の西岸ヌートカ・サウンドに所有していた土地のみだった。東インド会社のストレンジ卿（ジョナサン・プライス）は、ディレイニーの異母妹ジルファ（ウーナ・チャップリン）から土地を買い取る承諾を得ていたが、ジェームズはそれを拒否。ヌートカ・サウンドは英米の領土争いの境界にあり、国家の命運に関わる問題に発展する可能性があったため、父親は東インド会社に殺されたのではないかという疑問を持ったジェームズは、アフリカから持ち帰ったダイヤモンドを資金にして、父親が築いた海運会社を引き継ぐ。そんなとき、ホレースの妻と名乗る女優ローナ（ジェシー・バックリー）が現れる……。

セポイの反乱

『TABOO タブー』の焦点になるのは、ジェームズ・ディレイニーと権力の象徴ともいえる東インド会社の対決である。ディレイニーが真っ向から対立した東インド会社とは何だったのだろうか。

　東インド会社は、1600年にエリザベス1世の治世下でインドなどアジア貿易のために設立された勅許会社で、当初は香辛料を中心にしたインドとの独占貿易を行う会社だったが、英国がインドにおける力を強め、インドが植民地化していくと、次第に植民地統治・行政機関になり、大英帝国の拡大に大きな役割を果たした。
　東インド会社はボンベイ、マドラス、カルカッタ（現在のムンバイ、チェンナイ、コルカタ）を拠点にし、それぞれに長官がいて領地の統治を行なうなど、商人というよりは政府役人として機能した。1857年から1859年の間に、英国の植民地支配に反対して、東インド会社の軍隊に所属するインド人傭兵の反乱が起きた。シパーヒーの乱（またはセポイの反乱）と呼ばれるものだ。新型の銃の薬包に牛と豚の脂を使ったとい

う噂があったため、インド人傭兵は薬包の使用を拒否。牛はヒンズー教には聖なるものであり、豚はイスラム教徒に不浄のものだったからだ。英国人がインドの文化や伝統を尊重していないことへの不満をきっかけに反乱は急速に広まったが、英軍によって反乱は終息され、ムガール帝国は消滅。1858年に東インド会社が解散し、英国王がインドを直接統治する英領インド帝国が成立。1877年、ヴィクトリア女王が初代皇帝となる。19世紀を通じて、インドは英国に大変な利益をもたらし、大英帝国の経済を支える「王冠の宝石」と見なされるようになった。

摂政時代からヴィクトリア朝時代へ

『TABOO タブー』で、マーク・ゲティス(『SHERLOCK／シャーロック』)が演じる享楽的なプリンスが、ジョージ3世の息子であるジョージ・

ジョージ4世(トーマス・ローレンス画)

オーガスタス・フレデリック王太子だ。ファッション、芸術、建築などに情熱をもち、虚栄心が高く退廃的なライフスタイルを行っていたが、贅沢好きなあまり、借金がかさんで英王室に経済的な損失が生じ、1787年には議会が王太子の借金を精算するために補助金を与えたほどだった。ジョージ3世が精神疾患になったため、1811年には摂政王太子を務め、1820年に父王が死去すると、ジョージ4世(在位1820〜1830)として即位する。彼は愛人を数多く持

っていたが、正妻キャサリン王妃との間の唯一の嫡出子だったシャーロット王女が21歳で死去したため、ジョージ4世亡き後は弟のウィリアム（ジョージ3世の三男）が65歳でウィリアム4世（在位1830〜1837）として即位した。ジョージ4世とウィリアム4世の治世期間は摂政時代（リージェンシー Regency）と呼ばれる。この時代は、派手好きだったジョージ4世の影響もあって、ファッション、文化、建築の最新流行で盛り上がった。その裏で、階級化社会や貧富の差が進み、ロンドンではスラムでの犯罪も問題になった。

—————————— **サントラ** ——————————

『ふたりの女王 メアリーとエリザベス』『アド・アストラ』などを手がけたドイツ出身の作曲家、マックス・リヒターによるサントラ。重々しくダークな音がドラマの禍々しい雰囲気を盛り上げる。

PICK UP ㉖ ヴィクトリア女王と産業革命

ヴィクトリア女王 世紀の愛
THE YOUNG VICTORIA *2009*

DATA
◎監督
ジャン＝マルク・ヴァレ
◎脚本
ジュリアン・フェロウズ
◎出演
エミリー・ブラント、ルパート・フレンド、ポール・ベタニー、ミランダ・リチャードソン、ジム・ブロードベント、マーク・ストロングほか

◎あらすじ

　19世紀の英国を舞台に、若きヴィクトリア女王がアルバートと出会って結婚し、さまざまなスキャンダルを乗り越えて、共同統治を行いながら愛を深めていく姿を描く。

◎見どころ

　英米共同制作の伝記映画。エミリー・ブラント（『メリー・ポピンズ リターンズ 2018』）とルパート・フレンド（『HOMELAND』）が希望に満ちた若きカップルを演じる。若き日のヴィクトリアの可憐な衣装、壮麗な戴冠式、君主として初めて住むことになるバッキンガム宮殿の豪華さな

ど、映像的にも見どころがたっぷり。2009年のアカデミー賞で衣装デザイン賞を受賞した。政争や権力争いについての描写もあるが、物語の中心はヴィクトリアとアルバートの関係で、愛し合うふたりの姿をメロドラマ風に描く。

◎時代背景
ヴィクトリア女王の治世

　年若きヴィクトリア（エミリー・ブラント）は叔父のウィリアム4世（ジム・ブロードベント）から王位継承者として指名されていたが、野心家の母親ケント公妃（ミランダ・リチャードソン）とその愛人のジョン・コンロイ（マーク・ストロング）から摂政政治を行うよう脅迫されつつ、それを拒否しながら孤独な生活を送っていた。ベルギー国王レオポルド（トーマス・クレッチマン）は、国益のために甥のザクセン＝コーブルク

ヴィクトリア女王、アルバート公子、長女のヴィッキー
（エドウィン・ランドシーア画）

＝ゴータ公国（英語ではサクス・コバーグ・ゴータ）の公子アルバート（ル
パート・フレンド）をヴィクトリアと政略結婚させようと計画。レオポル
ドから英国に送り込まれたアルバートはヴィクトリアに初対面し、彼女
に惹かれる。ふたりは文通を通して理解を深めていく。一方、英首相
のメルバーン（ポール・ベタニー）もヴィクトリアの信頼を得るようにな
り、ヴィクトリアはいつしかメルバーンに頼るようになる。1837年、
ウィリアム4世が死去し、ヴィクトリアは18歳で即位。国民の祝福を
受ける彼女だが、メルバーンに肩入れし過ぎたおかげで、議会や国民か
ら批判されるようになる。傷心し孤独を感じたヴィクトリアはアルバー
トとの結婚を決意する……。

　英王室史のなかで最強のカップルのひとつがヴィクトリア女王（在位
1837〜1901）とアルバート公だろう。当初は政略結婚の駒としてヴィク
トリアに近づいたアルバートだが、結婚するとベルギーの国益を捨て、
英女王の夫として誠実に妻を愛し、死ぬまでそれを貫いていく。
　ヴィクトリアは、ジョージ3世の四男ケント公エドワードの一人娘
で、3人の叔父（ジョージ4世、ヨーク公フレデリック、ウィリアム4世）の
嫡子が次々に死亡したため、幼少時から王位継承に最も近い存在だっ
た。そのため、母親のケント公妃は、ヴィクトリアを過保護かつ厳格に
育てたといわれ、ヴィクトリアは孤独な子供時代を過ごした。
　女王になってからは、首相のメルバーン子爵ウィリアム・ラムを寵
愛、ホイッグ党のメルバーン子爵から保守党のロバート・ピールへ政権
が交代した際には、女官の交代をめぐってヴィクトリアがピールと対
立。その結果、メルバーン子爵が政権を維持することになったという
「寝室女官事件」も起きた。
　映画『ヴィクトリア女王　世紀の愛』に描かれたように、ヴィクトリ
アがハンサムで教養高いアルバートに一目惚れして結婚。ふたりの間
には4男5女が生まれ、ヴィクトリアが出産と育児に追われる時間が

多かったため、アルバート
が次第に政治的役割も果た
すようになり、ほぼ共同統
治となった。アルバートは
科学や技術にも詳しく、第
1回ロンドン万国博覧会を
開催、ロイヤル・アルバー
ト・ホールやヴィクトリア
＆アルバート博物館、自然
史博物館、科学博物館など

ヴィクトリア＆アルバート博物館

を建設し、文化と教育にも力を注いだ。誠実なアルバートとは幸せな結
婚生活を送り、娘たちをドイツなどのヨーロッパ王室に嫁がせた。夫妻
の中産階級的で堅実な暮らしぶりは、その後の英国人の生活習慣に大き
な影響を与えたという。

　深い愛で繋がったふたりだったが、その別れは予想外に早くやってく
る。長男バーティ王太子（後のエドワード7世・在位1901〜1910）の放蕩
ぶりにも悩まされたアルバートは体調を崩すようになり、1861年に42
歳の若さで死去。最愛の夫を失い、悲しみに沈むヴィクトリアは常に
喪服を着て、10年以上も隠遁生活を続けたのは有名な話だ。
　その後、引きこもり生活のヴィクトリアはアルバートの馬係であっ
たスコットランド人のジョン・ブラウンを寵愛。ふたりの関係は映画
『Queen Victoria 至上の恋』で描かれている。また、保守党の首相をつ
とめたベンジャミン・ディズレーリをメルバーン首相以上に重用し、親
しい関係を築いた。このように、ヴィクトリアは常に信頼のおける男性
を側におき、その人物に依存するという傾向があったのがわかる。生後
8ヵ月で父親を失い、威圧的な母親からも愛情を受けることが少なく、
孤独な少女時代を送ったヴィクトリアは、自分を支えてくれる父親的な

人物を求め、そこに心の安らぎを見出していたのかもしれない。

産業革命はどのようにして起きたか

　19 世紀の英国はパクス・ブリタニカ（Pax Britannica）と呼ばれる力の均衡の上に成り立った平和を享受することになった。ヴィクトリア女王は在位が 63 年 7 カ月で、歴代 2 番目の長さ（1 番はエリザベス 2 世）だが、この時代に英国は頂点を極めた。

　1700 年代から 1800 年代にかけて、英国では農業、交通、工業が大きな変化を遂げ、産業革命が進む。1800 年から 1850 年で、英国の人口は900 万人から 1800 万人と倍増。人口の増加により、労働人口と消費者人口が増えたことが産業革命を促進した要因になった。さらに道路や運河などの交通機関の変化により、産業の変化は加速。1700 年代末にジェームズ・ワットとマシュー・ボールトンによって発明された蒸気機関が鉄道に取り入れられ、1830 年にリヴァプールとマンチェスターの間で世界最初の旅客鉄道が開通。1850 年までにロンドンと英各地の主要都市が鉄道で結ばれた。これにより、物品が迅速に簡単に輸送できるようになって、鉄や石炭の関連産業が大成長を遂げた。

　産業革命以前では、織工などの労働者が自宅で働く家内工業制度が主流だったが、機械が大型になるにつれ、労働者は工場に通うようになり、ジェニー紡績機などの発明により、拡大する需要に合う規模で製品を作ることが可能になった。

　労働者は田園部から都市に移住し、都市の発展に大きな役割を果たす。1840 年代にはアイルランドで起きたジャガイモ飢饉により、およそ 100 万人のアイルランド人が職を探すために英国に移住している。

　新しい機械の導入による労働スタイルの進化で、庶民の生活が劇的に変わった一方で、生活に不満を感じるようになった人もいた。フランス

との戦争が終わって、本国に戻った兵士は仕事を見つけることができなかった。食料品の値段は高騰したが賃金は低いままで、人々は食べ物を買うことができなくなった。いくつかの反乱も起きたが、反乱に関わった人々は、政府によって厳しく取り締まられ、オーストラリアに流刑になった者

リヴァプール＆マンチェスター鉄道の車両
（国立鉄道博物館所蔵）

もいた。一方で、1800年代は、貿易や戦争、探検調査などを通して領土の拡大を続け、最盛期には地球の全陸地面積の5分の1以上が英国の支配下になり、強大な帝国を築きあげていった。このように、産業革命は大英帝国の光と影を最も顕著に表すものとなった。

参考になる作品

『Queen Victoria 至上の恋』（1997） ジュディ・デンチ主演、ヴィクトリア女王とスコットランド人従僕ブラウンの秘められた恋愛を描く。

サントラ

『スターダスト』『47 RONIN』などを手がけた英作曲家、イラン・エシュケリによるサントラ。クラシック音楽の名曲をアレンジした華麗な曲は、可憐な若き日のヴィクトリア女王のイメージにぴったり。

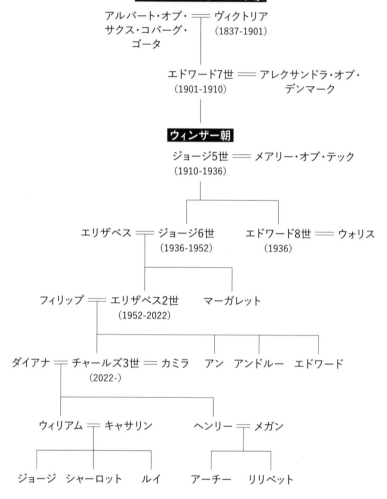

オリバー！

OLIVER! *1968*

DATA

◉監督
キャロル・リード
◉脚本
ヴァーノン・ハリス
◉原作
チャールズ・ディケンズ
◉出演
マーク・レスター、オリヴァー・リード、ロン・ムーディ、シャニ・ウォリス、ジャック・ワイルドほか

◉あらすじ

　1830年代の英国を舞台に、救貧院で生まれた孤児のオリヴァーが、ロンドンで窃盗団の仲間になりながらも、数々の困難を乗り越えて幸運をつかんでいく様子を描く。

◉見どころ

　チャールズ・ディケンズの代表作『オリバー・ツイスト』をもとにしたミュージカル版の映画化。アカデミー賞で作品賞、監督賞、ミュージカル映画音楽賞など6部門を受賞した名作だ。監督は『第三の男』を手がけたキャロル・リードで、『小さな恋のメロディ』のマーク・レス

ヴィクトリア朝時代の階級格差 ㉗

ターが主人公オリバー、『グラディエーター』のオリヴァー・リードが
ビル・サイクスを演じる。

◉時代背景
ヴィクトリア朝時代の都市のスラム化

『オリバー！』の舞台は19世紀初頭のヴィクトリア朝時代初期。救貧
院で生まれ育ったオリバー（マーク・レスター）は、おかゆのお替りを願
ったことが理由で、救貧院を追い出されて町の葬儀屋に売り飛ばされ
る。亡くなった母親の悪口を言われたことで喧嘩騒動に巻き込まれたオ
リバーは、地下室に閉じ込められるが夜逃げしてロンドンに向かう。ロ
ンドンの下町で腕利きのスリであるドジャー（ジャック・ワイルド）に出
会うと、フェイギン（ロン・ムーディ）率いる子供スリ集団の仲間に引き
込まれる。ある日、スリ現場から逃げ遅れたオリバーは被害者である

『オリバー・ツイスト』扉絵

親切な紳士のブラウンロー
氏（ジョセフ・オコナー）に
引き取られる。しかし、隠
れ家が警察に見つかること
を恐れるフェイギンと悪党
ビル・サイクス（オリヴァ
ー・リード）は心優しいナ
ンシー（シャニ・ウォリス）
を使って、オリバーを捕ら
える。ブラウンロー氏は必
死にオリバーの行方を捜す
が、その一方でオリバーの
出生の秘密が明らかにされ
ていく……。

チャールズ・ディケンズといえば、世界中で高い人気を誇る英作家だが、英国では毎年クリスマス時期になると、ディケンズのドラマや映画がテレビで放送され、家族全員で楽しむのが冬の風物詩になっている。救貧院でオリヴァーがおかゆのお替わりを乞う台詞、"Please, sir, I want some more（もっとお粥をください）"は、英国人の誰もが知っているキャッチフレーズだ。

　オリバー・ツイストは、劣悪な環境の救貧院や意地悪な人ばかりの葬儀屋で働き、一攫千金を目指して単身ロンドンに上京、不幸な境遇に負けずに生きていく。それゆえに、最終的に幸せをつかむ姿が感動的だ。また、ロンドンの街で生活のために窃盗をして生きのびる子供たちもたくましい。スリ集団を仕切る老人のフェイギンは、犯罪を行っているものの子供たちにはやさしく、まったくの悪人ではないのだが、結局最後まで犯罪社会から逃れられない。貧しい労働者たちの暮らしや厳しい階級格差、人間の性などを描いた暗いストーリーではあるが、ミュージカル映画版は、子供たちによる楽しい歌とダンスがたくさんあるので、落ち込んだ気持ちにならないのがいい。

　ディケンズ作品は、彼自身の辛い幼少時代の体験をもとにしており、貧しい人々を主人公に、社会的弱者の視点で物語を描いていく。その根底にあるのは、下層階級に貧しい生活を強いる社会制度への批判でもある。

　この時代の下層階級の生活は過酷だった。産業革命によって英国は富み、強大になっていったが、その反面、庶民の多くは苦しい生活を強いられた。仕事を求めて人々が都市に移り住むようになったことで、都市部では急速に住宅が作られていったが、質の良くない住宅が狭い土地に並んで建てられ、都市はスラム化した。スラムに住む人々は、低賃金で長時間にわたって働かされた。貧しい者の救済のために救貧院がつくられたが、救貧院でもわずかな食べ物と寝る場所を提供される代わりに長時間で働くことを強いられた。貧しい庶民は子供を学校に通わせること

ができず、子供は 5 歳くらいになると労働力となって長時間の労働に従事した。

　スラムには水道や下水施設がなく、汚水が路上に流されたままのため、病気も蔓延したという。特にコレラは何度も発生し、多数の死者がでた。このため、英政府は自治体と協力して、水道や下水施設を整えるようになっていった。

ヴィクトリア朝時代のミドルクラス

『オリバー！』では、肉屋、煙突掃除、魚市場、パブなどで大人も子供も働く貧しい下町の風景と、それと対照的な中産階級の人々の暮らしも描かれる。裕福な人々が住む高級住宅街では、紳士たちが美しい邸宅で優雅に暮らし、使用人が身の回りの世話を行い、通りでは花やミルクなどを売る行商人が行き交っている。

　英国社会は伝統的に、貴族とジェントリなど地主層から成る上流階級と低賃金で働く労働者階級に分かれるが、19 世紀頃からは中流階級も増加していった。産業革命と大英帝国の領土拡大により、1800 年代には世界でも有数の国になり、鉄道、商店、銀行、公務員制度などが普及したことで、事務職に務める中流階級の職業人たちも増えていった。

　英国の各都市も急速に拡大した。1700 年代には都市に住むのは人口のわずか 20 ％だったが、1850 年には 55 ％に増加。1800 年代後半には、シビックプライド（Civic Pride 都市に対する市民の誇りの意味）も芽生え、裕福な町の名士は地元の公園や図書館、公共スイミングプール、タウンホール（市役所）などに金を落とすようになった。1863 年にはロンドン地下鉄も開通。鉄道の普及により、週末旅行で海辺に行くことも可能になり、英南部ブライトンや英南西部バースなどのようなリゾート地や保養地が人気を集め、富裕層は健康促進のため海水浴を楽しみ、劇場やミュージックホールなどの娯楽に出かけるようになる。さらに、ラグ

ビーやクリケット、フット
ボール（サッカー）など英
国の国技と呼ばれるスポー
ツの多くがこの時代に確立
された。

　一方、中上流社会の女性
たちにとっては、裕福な男
性と結婚することが人生の
一番の幸せとされ、自分の
意思で結婚相手を決めるこ
とは難しい時代でもあっ
た。女性が自立できる仕事
はほとんどなく、結婚でき
なければ、一族の重荷とな

ミュージックホール

って肩身の狭い思いをして一生を過ごさなければならなかったのだ。女
性は良い条件の男性と結婚するため、歌、ピアノ、裁縫、家庭の管理な
ど、女性としての役割を果たすためのことを学び、男性に忠実で服従的
であることが求められた。ジェーン・オースティン原作を映像化し、コ
リン・ファースがダーシー役で人気を集めた BBC ドラマ『高慢と偏見』
(1995) や Netflix オリジナルドラマ『ブリジャートン家』(2020) でも、
結婚をめぐる女性たちの苦悩が描かれている。

━━━━━━━━━━━━━━ 参考になる作品 ━━━━━━━━━━━━━━

『高慢と偏見』(1995)　ジェーン・オースティンの名作をもとに、アン
ドリュー・デイヴィス脚本による BBC のドラマ。全 6 話。出演はジェ
ニファー・イーリーほか。英国カントリーサイドを舞台に、女性の結婚
事情と恋のすれ違いを描く。コリン・ファースの出世作。

●

『ブリジャートン家』（2020）　ジュリア・クインのベストセラー小説を
もとにした Netflix ドラマ。19 世紀初めのロンドンを舞台に、ブリジャ
ートン家の 8 人兄弟の恋模様を描く。

───────── サントラ ─────────

　アンドリュー・ロイド・ウェッバーが"英国ミュージカルの父"と称
した英作曲家のライオネル・バートによるミュージカルをもとに、米作
曲家のジョニー・グリーンがアレンジ。「オリバーのマーチ」「ウン・
パッパ」など、劇中の歌も聞き覚えのある曲のオンパレードになってい
る。アカデミー賞ミュージカル映画音楽賞を受賞。

PICK UP ㉘選挙制改正と女性参政権

未来を花束にして

SUFFRAGETTE *2015*

DATA

◎**監督**
サラ・ガヴロン
◎**脚本**
アビ・モーガン
◎**出演**
キャリー・マリガン、ヘレナ・ボナム・カーター、ブレンダン・グリーソン、アンヌ＝マリー・ダフ、ベン・ウィショー、メリル・ストリープほか

◎**あらすじ**

　1912年のロンドンを舞台に、女性の参政権獲得のために過激な運動を続ける女性団体に属するサフラジェットと呼ばれる女性たちの闘いと、参政権運動に身を投じていく主人公の姿を描く。

◎**見どころ**

　女性の権利が認められていなかった時代に、女性参政権を訴えるサフラジェットたちの姿を力強く描いた社会派映画。主人公モード役はキャリー・マリガン（『プロミシング・ヤング・ウーマン』）、夫サニーはベン・ウィショー（『どん底作家の人生に幸あれ!』）。それに加えて、ヘレナ・

選挙制改正と女性参政権 ㉘

ボナム・カーター（『エノーラ・ホームズの事件簿』）、メリル・ストリープ（『ストーリー・オブ・マイライフ／わたしの若草物語』）というベテラン演技派女優たちが、サフラジェットの女闘士たちを演じる。

⊙時代背景
女性参政権を勝ち取るための女たちの闘い

　24歳のモード・ワッツ（キャリー・マリガン）は洗濯工場で低賃金、長時間の労働をしながら、同僚の夫サニー、息子ジョージとつつましく暮らしていた。ある日、洗濯物を届けに行ったモードは、街中で婦人社会政治連合（WSPU）の過激な行動に遭遇したことをきっかけに、イーディス（ヘレナ・ボナム＝カーター）やヴァイオレット（アンヌ＝マリー・ダフ）らサフラジェットのメンバーと知り合いになる。最初は無関心だったモードだが、議会の公聴会で工場での待遇を証言したことで、新しい生き方に目覚め、自らもサフラジェットの運動に身を投じる。しかし、そんなモードの姿に世間の目は冷たく、夫からは家を追い出され、息子と離れ離れになり、仕事場もクビになってしまう。サフラジェットたちは、国王ジョージ5世が出席するダービー競馬場で抗議行動を行う計画をするが、事態は意外な方向へ向かう……。

WSPU のリーダーたち

平凡な妻・母親だったモードが運動と家族の板挟みで苦悩しながらも、これまでとは違う生き方を模索していく。自分の生きる道へ進む覚悟を決めてからは、どんどん強くなっていく姿が素晴らしい。女性たちが権利や自由のため、いろい

ろなものを犠牲にして、自分たちの娘や未来の女性たちのために闘う姿に心が打たれる。彼女たちのおかげで、現在の私たちの選挙権があるのだ。

　選挙権のみならず、この時代の女性は男性よりも権利が限定されていた。例えば、1882年まで既婚女性は自分の不動産を所有することができず、女性が所有するものは結婚すると夫の所有になった。また、離婚しても女性は子供の親権を持つことができなかった。男女は社会で異なる役割を果たすべきだと考えられており、男性は事業、財政、政治、法律、貿易など、女性は育児、家庭の管理、料理、洗濯、掃除などに役割が分担されていた。貧しい家庭の女性は、家計を助けるために製粉所や炭鉱、家政婦、召使いとして働いたが、男性よりも賃金は低く、工場での労働環境は劣悪だった。夫や家族の支援のない女性は搾取され、結婚しても避妊方法が限定されていたことから、多くの女性は妊娠、出産を繰り返した。1857年の婚姻事件法により、女性の結婚と親権に関する権利がようやく認められるようになる。また、フローレンス・ナイチンゲールの活躍で、看護婦が尊敬すべき職業になるなど雇用の機会も広がり、1850年から1900年の間に少しずつ女性の地位も向上していった。

　そんななかで女性たちが立ち上がり、投票権を要求する運動を始めたのだ。「婦人参政権協会国民連合（National Union of Women's Suffrage Society = NUWSS)」のメンバーは法を順守した平和的なキャンペーンを行い、サフラジスト（suffragist）と呼ばれ、手紙や嘆願書を送ったり、新聞に寄稿したりして、国会議員の支持を得ようとする動きを展開した。一方で、エメリン・パンクハースト率いる「婦人社会政治連合（Women's Social and Political Union = WSPU)」を中心に挑発的な運動を行ったのがサフラジェット（suffragette）と呼ばれる女性たちだ。

　映画『未来を花束にして』のなかで、参政権を実現するという目的のためにマスコミの注目を集めることが必要と考えた彼女たちが、わざわざ郵便ポストに火をつけたり、店に投石したり、ハンガーストライキし

サフラジェットの活動

たりするシーンが登場するが、これは実際のサフラジェットの活動にもとづいている。サフラジェットのモットーは「言葉ではなく行動」というものだった。石を投げて店の窓ガラスを割ったり、郵便ポストに火をつけたり、国会議員やその自宅を攻撃するなどの破壊活動や、逮捕されて入獄した際にはハンガーストライキを行うなど、世間の注目を集めてメディアで報道されるために過激な運動を行った。

　やがて、第一次世界大戦が始まると、女性参政権運動は一旦休止となり、男性が戦地に行っている間、伝統的に男性がついていた職に女性が従事したり、軍需工場で武器を作ったりするようになり、農村でも男性がいなくなったために女性の活躍の場が増えていった。女性が責任ある立場に置かれ、独立して行動できるようになったのである。

—— サントラ ——

『グランド・ブダペスト・ホテル』『ストーリー・オブ・マイライフ／わたしの若草物語』など数多くの作品を手がけるフランス出身の作曲家、アレクサンドル・デスプラによるサウンドトラック。

選挙法改正への道のり

　19世紀の英国では、ホイッグ党とトーリー党という二大政党による政治が行われていた。トーリー党は昔からの土地所有者階級や伝統的な政治家に支持され、ホイッグ党は主に商人や銀行家など新興富裕層に支持された。トーリー党とホイッグ党はその後、保守党、自由党と名前を変えていく。

　当時、選挙権は所有する土地や財産、住む場所によって決められ、有権者は全人口の2％以下で、政治は少数の選ばれし者たちによって行われていた。また、誰に投票したか公表される記名投票制度だったので、投票者が自由に投票できる状況ではなく賄賂が横行した。

　1832年、ホイッグ党のチャールズ・グレイ政権下に第1回選挙法改正（改革法）が行われ、有権者が少ない56の選挙区（腐敗選挙区）が廃止、人口が拡大している工業都市により多くの議席が与えられるようになった。また、男性の産業資本家（ブルジョワ）階級にも選挙権が拡大され、有権者は43万人から65万人に増加、有権者は全人口の3％になった。しかし、この改革法は大半の国民にとっては依然として無縁のものだった。選挙権を持つことができない労働者階級層は、労働者への支援を提供する労働組合に参加、やがて1830年代から1850年代にチャーティスト運動が起こる。

　チャーティスト運動とは、都市で働く労働階級層が普通選挙を求めて起こした運動である。議会に不満を感じた人々は、さらなる

チャーティストの集会

改正のために人民憲章（People's Charter）を提唱。その内容には、21歳以上のすべての男性に選挙権を与えること、無記名投票であること、貧しい者でも議員になれるように国会議員に給料を与えることなどが含まれた。1830〜1840年代は不況で失業が蔓延していたこともあって、チャーティスト運動は多くの人々から賛同を受けて盛り上がりを見せた。議会に3回の嘆願書が提出され、1839年にはニューポート、1842年にはストークで武装蜂起も起きた。

　しかし、武力を使うか平和裏に行うかをめぐって運動が分断されたこともあって、人民憲章は議会で否決。1850〜1860年代には好景気になったこともあって、運動は衰退していった。

　1865年になると、急進派の政治団体、改革連盟により、再び選挙法改正の運動が起こった。経済と社会は急速に変化しているのに関わらず、議会は依然として一般の国民を代表する存在ではないことに多くの人々が不満を感じていたのだ。

　1867年、自由党のグラッドストンが台頭する一方、保守党のディズレーリが蔵相を務める保守党内閣の政府は第2回選挙改正法を可決。これにより、選挙権は都市部に住む男性の世帯主全員に与えられ、労働者階級でも21歳以上の戸主または年間10ポンド以上の家賃を支払う男性のほとんどが選挙権を得ることになり、有権者の数は200万人を超えることになった。さらに1884年の第3回選挙法改正では、農村部に住む労働者階級の男性にも選挙権が拡大、有権者は約260万人から約440万に増加する。

　1918年には21歳以上のすべての男性と戸主または戸主の妻である30歳以上の女性に参政権が与えられることになった。21歳以上のすべての女性に男性と同じ条件で参政権が与えられることになったのは1928年のことだった。

第五章

近代のイギリス

二つの大戦

PICK UP ㉙ 貴族と階級社会

ダウントン・アビー
DOWNTON ABBEY *2010~2015*

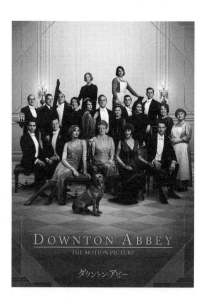

DATA
◎原案
ジュリアン・フェロウズ
◎脚本
ジュリアン・フェロウズ
◎出演
ヒュー・ボネヴィル、エリザベス・マクガヴァン、マギー・スミス、ミシェル・ドッカリー、ジム・カーターほか

◎あらすじ

　1910～1920年代の英北東部ヨークシャーを舞台に、貴族の邸宅ダウントン・アビーに住むクローリー家の人々とそこで働く使用人たちの人間模様を描く。

◎見どころ

　英民放 ITV 局の人気シリーズ。2010 年にシーズン 1 がスタート、ゴールデン・グローブ賞、エミー賞なども獲得し、世界中でブームを引き起こした。2015 年に惜しまれながらシーズン 6 で終了。当時の世相や社会問題を盛り込みながら、人々の心のふれあいを描く内容で、暴力的

なシーンや過激な性描写なども無し。お茶の間の家族全員で楽しむことができ、見終った後もじんわりと心が温かくなる。それがダウントン・アビーの魅力だ。

◉時代背景
貴族と階級制度

　物語は1912年から始まる。クローリー家のグランサム伯ロバート（ヒュー・ボネヴィル）には息子がおらず、長女メアリー（ミシェル・ドッカリー）がロバートの従弟ジェームズの息子パトリックと結婚して屋敷と財産を継ぐ予定だった。しかし、ジェームズとパトリック親子はタイタニック号の沈没事故に巻き込まれて死亡。次の爵位継承者には、弁護士として働く中流階級のマシュー・クローリー（ダン・スティーヴンス）が指名され、マシューと母イザベルはダウントン村に引っ越してくることになる。一方、ボーア戦争でロバートの従卒だったベイツが使用人としてダウントン・アビーにやってきて、ハウスメイドのアナと心を通わせていく……。
　シーズン2以降も、第一次世界大戦、スペイン風邪の流行、アイルランド独立戦争、貴族の困窮と労働者階級の台頭など、時事問題や社会情勢を織り交ぜながら、ストーリーは進んでいく。
　『ダウントン・アビー』の面白さは、貴族と使用人たちの暮らしぶりとそれぞれの悩み、そしてさまざまな人間関係だ。貴族であるク

ローリー家の人々と使用人たちの暮らしは驚くほどの違いがあり、1900年代前半の英国が根強い階級格差社会であることがわかる。しかしながら、一見優雅な貴族の暮らしにも貴族なりの悩みがある。英国では勅許状によって創設された貴族爵位は男系男子しか継承できないため、ロバートの3人の娘たちは爵位も財産も継げないことになる。そのため、長女のメアリーは家を守るために愛のない政略結婚に直面する。一方の使用人たちも、厳格な執事

と家政婦長の監視のもと、毎日朝から夜まで働きづめ。時には村祭りに出かけたり、休憩時間に使用人同士でおしゃべりしたりという楽しみもあるが、主人たちの優雅な暮らしに比べると生活は厳しい。そんな彼らが身分や階級を超えて、友情を育み、理解しあい、一緒に泣いたり笑ったりする。それは日本のホームドラマのようであり、自分も家族の一員のようにキャラクターたちに同情したり応援したりするのである。また、シリーズが進んで英国社会が変化するにつれ、貴族たちは苦境に立たされ、逆に使用人たちはそれぞれの道をたくましく歩んでいくようになるのも注目だ。

　ここで、英国の階級制度についてざっとまとめておこう。まず、ピラミッドの頂点に立つものは言うまでもなく英国君主である。国王の下に

は貴族が続く。公爵（Duke/Dutchess）、侯爵（Marques/Marchioness）、伯爵（Earl/Countess）、子爵（Viscount/Viscountess）男爵（Baron/Baroness）という爵位を持つ者である。これらは世襲貴族（hereditary peer）で、長子相続制度のもと、爵位・土地・財産などを長男または最も近い血縁の男子が引き継ぐ。男爵（Baron）の下に「Sir」の称号を持つナイト（Knight）爵がいるが、これは一代限り。

　最初に爵位を授与した王はエドワード3世で、この5つの爵位が定着したのは14世紀以降とされる。それまでは伯（Earl）または諸侯（Baron）という区別しかなかったという。

　14世紀末の貴族は60家、ジェントリ（中小地主）は6000〜9000人、16世紀頃には貴族が120家、ジェントリが2万人になっていた。17世紀頃から1950年代まで爵位が売りに出されたために世襲貴族の数が急増、現在はおよそ600家の貴族が存在するといわれる。

　英国貴族のなかには、イングランド貴族、スコットランド貴族、グレート・ブリテン貴族、アイルランド貴族、連合王国貴族が存在し、同じ爵位の場合、イングランド貴族が最も上位につく。この貴族の下にはジェントリ（gentry）が続く。あまり聞き慣れないジェントリだが、彼らは土着の有力者や領主・地主であり、バロネット、騎士、エスクワイアなどの序列があって、爵位は持たないものの、貴族と同じような扱いを受ける。

　また、貴族とジェントリは共に地主階級を構成すると共に、ジェントルマンと呼ばれるエリート層になった。ジェントルマンは、広大な土地を持つ地主として不労所得で豊かな暮らしを営む一方で、特権階級の見返りとして地域社会に奉仕するという役目を果たした。治安判事や議員などの仕事を無償で行ったり、慈善事業に積極的に取り組んだり、地元で雇用を生み出したり、戦争に率先して従軍するなどして、地元の社会に奉仕した。これは「ノブレス・オブリージュ（高貴な身分にともなう義務）」と呼ばれる。

大英帝国が拡大した時代以降は、貴族・ジェントリの地主層のほか
に、聖職者、法律家、医師など、いわゆるジェントルマン的な職業に就
く人々もジェントルマンとみなされるようになり、さらに高級官僚、貿
易商、富裕な商人や小作農業者がジェントルマンに成り上がることもあ
った。これらの家庭の子弟はパブリックスクール（私立校のなかのエリー
ト校）やオックスブリッジ（オックスフォード大学・ケンブリッジ大学）に
通ってジェントルマンとしての教養や品性を身に着けるようになった。
今日では、ジェントルマンという言葉は社会的階層を意味する言葉では
なく、紳士または男性一般を指す言葉として使われる。

2019年に行われた、現在のイングランドにおける土地所有構成の調
査では、貴族・ジェントリが30％、企業が18％、金融銀行家が17％、
公共セクター8.5％、自宅所有者5％、自然保護団体2％、国王・英王
室1.4％、国教会0.5％であり、150年前と比較しても、依然として貴
族・地主が高い割合で土地を所有していることが明らかになっている。

サントラ

スコットランド出身の作曲家、ジョン・ランが手がけたサントラはプ
ライムタイム・エミー賞音楽賞劇中曲賞シリーズ部門を受賞した。あの
有名なテーマソングをはじめ、ピアノと弦楽で格調高い貴族の世界と英
国カントリーの風景を表現する。

ダウントン・アビー／新たなる時代へ

DOWNTON ABBEY: A NEW ERA *2022*

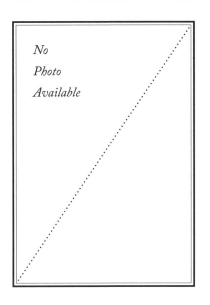

DATA

◉**監督**
サイモン・カーティス
◉**脚本**
ジュリアン・フェロウズ
◉**出演**
ヒュー・ボネヴィル、エリザベス・マクガヴァン、マギー・スミス、ミシェル・ドッカリー、ジム・カーターほか

◉あらすじ

　1928年、英東北部ヨークシャーにある貴族の邸宅ダウントン・アビーでは、先代グランサム伯爵夫人バイオレット・クローリーが南仏リヴィエラの別荘を相続したことを家族に告げ、息子のロバートたちがリヴィエラを訪れることになる。一方、ダウントンではハリウッド映画の撮影が行われることになり、大騒ぎになる。

◉見どころ

　2020年に公開された劇場版１作目『ダウントン・アビー』に続く、劇場版第２弾。おなじみのキャラクターに加えて、今回は新たにヒュ

ー・ダンシー、ローラ・ハドック、ドミニク・ウェストらがゲスト出演。クローリー家の面々が、当時の英貴族たちに人気があったという、南フランスの高級リゾート地リヴィエラを訪れるという設定で、南仏の美しい景色やエレガントな生活ぶりなどが描かれる。また、サイレント映画からトーキーへの移り変わりを描いたストーリーラインも映画ファンには興味深い。

◉時代背景
時代の移り変わり

　南仏の別荘をめぐるバイオレットの秘密と、ダウントンで行われる映画撮影をめぐる騒動のふたつのストーリーを絡めながら、1920年代後半の時代の移り変わりを描いていく。

　1928年、ダウントン・アビーでは、亡き三女シビルの夫トム・ブランソンが、グランサム伯爵ロバートの従妹であるモード・バグショーの娘ルーシーと結婚、お祝いムードに包まれている。その一方で、ダウントンの屋敷は老朽化し、実務を任されている長女メアリーは莫大な修繕費の工面に悩んでいた。そんなとき、映画製作会社からダウントンを映画の撮影に使いたいという申し出を受ける。ロバートから反対を受けるも、謝礼が高額だったこともあってメアリーは撮影を許可。これで雨漏りしている屋根を修理することが可能になるのだ。華やかな暮らしぶりとは裏腹に、クローリー家が財政的なやりくりに苦悩していることがわかる。

　ダウントン・アビー公式サイトによると、産業革命後の社会構造の変化により、貴族は経済的に多くの使用人を抱えることが困難となっていったという。そして第一次世界大戦では、「ノブレス・オブリージュ」により、多くの貴族の子弟が戦死、大戦後には労働党政権による増税や相続税などで財政的に追い込まれ、歴史あるカントリー・ハウスを手放

すこととなった貴族も少なくなかったとされる。1875年から1975年の間に全体の4分の1にあたる1,116ものカントリー・ハウスが荒廃したという記録もあるという。現在でも、貴族たちの財政維持は簡単ではなく、貴族の館や城の多くは、維持費を賄うために見学者に館や城の一部を一般公開している。

　一方で、貴族の使用人たちの生活はどう変わったのだろうか。これまで貴族の屋敷や大邸宅で働く使用人は住み込みが主だったが、第一次世界大戦をきっかけに人件費が戦前の3倍になったことから、貴族が大量の使用人を雇用し続けることは難しくなり、戦後はその形態が変化。これまで住み込みで働いていた女性の使用人は結婚することが難しかったが、結婚するため、住み込みの仕事を辞めるということも可能になった。『ダウントン・アビー』でも、家政婦長のエルシー・ヒューズらが結婚後は自宅から仕事に通う姿がみられる。

　本作の後半では、映画撮影のために貴族役のエキストラ出演として着飾って登場する使用人たちの様子が描かれる。没落していく貴族たちに対して、少しずつ自分たちの時間や人生を楽しむようになっていく使用人たちの生き生きとした様子が印象的で、まさに時代の移り変わりと新しい時代への幕開けを告げるシーンである。

　なお、1930年代のイギリス貴族と使用人たちの生活については、『ダウントン・アビー』のジュリアン・フェロウズが脚本、巨匠ロバート・アルトマンが監督を手がけた映画『ゴスフォード・パーク』（2001）が参考になる。1932年、イギリス郊外のカントリー・ハウスを舞台に、階上の貴族と階下の使用人を豪華キャストで描いた群像劇で、アガサ・クリスティの殺人ミステリ風でもあり、当時の女性たちが直面する苦しみが綴られる人間ドラマ的要素もあるなど、見応えがある作品だ。

PICK UP ㉛第一次世界大戦

1917 命をかけた伝令

1917 *2019*

DATA
◉監督
サム・メンデス
◉脚本
サム・メンデス、クリスティ・ウィルソン＝ケアンズ
◉出演
ジョージ・マッケイ、ディーン＝チャールズ・チャップマン、マーク・ストロング、アンドリュー・スコット、リチャード・マッデンほか

◉あらすじ

第1次世界大戦中の西部戦線を舞台に、翌朝までに1600人の命を救う重要な指令を届けるため、ノーマンズランド（無人地帯）を超えて最前線へ走り抜ける2人の英兵士、ブレイクとスコフィールドの1日を描いていく。

◉見どころ

サム・メンデス監督（『007 スペクター』）が圧倒的な映像美で送る戦争アクション映画。ストーリーは至ってシンプル、ただ伝令を伝えるだけ。その分、視覚でぐいぐいと魅せていく映画だ。全編を長回しのワン

カットで撮影したように見せることにより、戦場の兵士の目線でその場の風景を一緒に眺め、自分も彼らと一緒に体験するような感覚を起こさせる。混沌とした塹壕、死体が転がるノーマンズランド、どこに敵が潜んでいるのかわからない緊張感、戦場のなかにあって日常を感じさせる満開の桜の木、そして暗闇に打ち上がった照明弾が廃墟と化した町が浮かび上がる恐ろしいまでに美しい光景をこれでもかという映像力で見せる。第92回アカデミー賞では作品賞、監督賞を含む10部門でノミネートされ、撮影賞、音響賞、視覚効果賞を受賞した。

◎時代背景
甚大な犠牲をもたらした第一次世界大戦

『1917 命をかけた伝令』の設定は、1917年4月6日の西部戦線。北フランスの塹壕ではドイツ軍と連合国軍のにらみ合いが続いていた。英陸軍のエリンモア将軍（コリン・ファース）は2人の兵士、トム・ブレイク（ディーン＝チャールズ・チャップマン）とウィル・スコフィールド（ジョージ・マッケイ）に、最前線にいるマッケンジー大佐（ベネディクト・カンバーバッチ）率いる部隊へ作戦中止を伝える使命を命じる。英陸軍は航空

2人の伝令（ディーン＝チャールズ・チャップマンとジョージ・マッケイ）

第一次世界大戦
㉛

写真でドイツ軍が戦略的後退をしているのを確認、英最前線部隊がこのまま突撃すればドイツ軍の罠にはまって部隊が壊滅する恐れがあるのだ。しかも、最前線部隊にはブレイクの兄ジョセフ（リチャード・マッデン）も所属していた……。

　本作は、ドイツ軍が戦略的撤退したアルベリッヒ作戦からヒントを得ているが、登場人物はフィクション。メンデス監督は西部戦線で英軍の伝令役だった祖父の話をもとに物語を作り上げたという。命をかけて伝令の役目を果たしたスコフィールドに、司令官の「来週はまた別の命令が下る」という容赦ない言葉。結局、少しばかり命がのびただけで相変わらず戦いは続くという残酷さだ。

　走り続ける若き英兵を演じるのは、ジョージ・マッケイ（『トゥルー・ヒストリー・オブ・ザ・ケリー・ギャング』）とディーン＝チャールズ・チャップマン（『ゲーム・オブ・スローンズ』）。若いふたりをマーク・ストロング、コリン・ファース、ベネディクト・カンバーバッチ、アンドリュー・スコットという英国イケ親父俳優たちがサポートする。

　1914年から1918年まで続いた第1次世界大戦は、世界の大国が参加し、総力戦により多大な犠牲者を出した戦争である。大英帝国全体の戦死者は88万人を超えたといわれ、英国では第二次世界大戦以上に人々に衝撃を与えた戦争であり、グレート・ウォー（Great War）と呼ばれている。

　18世紀初頭から欧州諸国は帝国を築き上げ、権力の象徴として海外に帝国を拡張していったが、アフリカなど植民地をめぐって衝突が起き、熾烈な競争が繰り広げられていた。この頃までに英国は超大国に成長を遂げていたが、一方で1871年にプロイセンを中心に統一されて成立したドイツ帝国も強大な力を持つようになり、英国とドイツが世界最大の海軍と陸軍を誇る帝国になっていた。

　欧州では大国の勢力均衡を保つために同盟が結ばれ、1882年にドイ

ツ、オーストリア、イタリアによる三国同盟、1907年までにフランス、ロシア、英国の三国協商が結成された。双方の間には緊張が生まれ、20世紀に入ると戦争はほぼ不可避になってきたが、開戦には理由が必要だった。

　そのきっかけとなったのが、オーストリア＝ハンガリー帝国のフランツ・フェルディナンド大公の暗殺事件（サラエボ事件）だ。1914年6月28日、オーストリアの王位継承者である大公夫妻が、バルカン半島のサラエボ訪問中にセルビア愛国者に暗殺される。同年7月、オーストリアがセルビアを攻撃、ロシアはセルビア側につき戦争準備を始めた。8月にはドイツがロシアとフランスに宣戦布告、中立国のベルギーを侵略したため、英国もドイツに宣戦布告。

　こうして、大英帝国、フランス共和国、ロシア帝国（1917年にロシアが撤退するが、代わりに米国が参加）がドイツ帝国、オーストリア＝ハンガリー帝国、オスマン帝国と対した戦争が始まる。1916年から18歳から41歳までの男性を対象にした徴兵制も行われ、総力戦体制になった。また、カナダ、オーストラリア、ニュージーランド、南アフリカ、インドなど、大英帝国各地でも人員が駆り出され、帝国全体で919万人が動員された。

　これまでの戦争の戦い方は、開けた場所での騎兵や歩兵の一騎討ちという形だったが、第一次世界大戦では技術革新による武器の変

サラエボ事件（当時の新聞挿画）

第一次世界大戦 ㉛

塹壕戦　ⓒ2019 Storyteller Distribution Co., LLC and NR
1917 Film Holdings LLC. All Rights Reserved.

化に伴い、塹壕での攻防戦が中心となり、そのために戦いが長期化、市街戦では一般市民も巻き込まれ、結果として甚大な犠牲者を生んだ。1916年、北フランスのソンムの戦いでは両軍合わせて100万人以上の兵士が死亡・負傷し、第一次世界大戦中で最も損害が大きい戦闘となった。また、塹壕の状態はひどいもので、兵士たちは寒さと泥のなかで戦い、泥のなかに作られたネズミだらけの小屋で寝泊まりし、塹壕足炎などの病気に頻繁に襲われた。

　大英帝国側が勝利を収めるには4年という歳月が費やされ、1918年11月11日に休戦協定が締結された。

　英国では11月11日が戦没者追悼記念日（リメンブランスデー Remembrance Day）となり、毎年この日の前後にさまざまな追悼イベントが開催される。この時期は、退役軍人・戦没者団体「ロイヤル・ブリティッシュ・リージョン（Royal British Legeon）」へ募金したことを示す赤いポピー（ヒナゲシ）の花を身に着ける人が多い。赤いポピーは第

一次世界大戦の戦場となった野原に咲いていたことから、戦没者の象徴と考えられている。11月11日直近の日曜日（リメンブランスサンデーRemembrance Sunday）にはロンドン中心部ホワイトホールにあるセノタフ（慰霊碑）で国王や王室メンバー、首相・閣僚が集まって戦没者追悼記念式典が行われ、戦争追悼記念日当日である11月11日午前11時に2分間の黙とうが行われる。

─────────── 参考になる作品 ───────────

『彼らは生きていた』(2018)　『ロード・オブ・ザ・リング』三部作のピーター・ジャクソン監督による、第一次世界大戦のドキュメンタリー映画。ロンドンにある帝国戦争博物館所蔵の記録映像を修復・着色し、120人の退役軍人たちのインタビューなど音声を加えて製作されたもの。志願兵の対象年齢は19〜35歳だったのに実際は15歳、16歳の少年たちも含まれていたそうで、無垢な少年たちの笑顔が涙を誘う。「戦争とは無意味だ」というメッセージが心に残る作品だ。

─────────── サントラ ───────────

『007 スカイフォール』、『ショーシャンクの空に』など数多くの映画音楽を手がける米国人作曲家、トーマス・ニューマンによるもの。アカデミー賞作曲賞にノミネートされた。米フォークソング "I Am a Poor Wayfaring Stranger" を歌うのは俳優・歌手のジョン・スロヴィク。

ピーキー・ブラインダーズ

PEAKY BLINDERS *2013~2022*

DATA

◉監督
アンソニー・バーンほか
◉企画
スティーヴン・ナイト
◉脚本
スティーヴン・ナイト
◉出演
キリアン・マーフィ、ヘレン・マックロリー、ポール・アンダーソン、ソフィー・ランドル、ジョー・コール、サム・ニール、アナベル・ウォーリス、トム・ハーディほか

◉あらすじ

　1919年から1939年の英中部バーミンガムを舞台に、ピーキー・ブラインダーズと呼ばれる犯罪集団を率いるトミー・シェルビーとシェルビー一家の人々の姿を描く。

◉見どころ

『イースタン・プロミス』『オン・ザ・ハイウェイ　その夜、86分』などを手がけたスティーヴン・ナイトの原案・製作総指揮・脚本による犯罪ドラマ・シリーズ。2013年にシーズン1がスタート、ドラマ版の最終章になるシーズン6が2022年放送・配信されたが、続編となる映画

版の製作が発表されている。1890年代にバーミンガムに実在したギャングをもとにしており、フィクション・ドラマながら、しっかりとした時代考証と歴史的史実を取り入れ、第一次世界大戦と第二次世界大戦の狭間にある時代を斬新でスタイリッシュな映像と音楽を交えて描いていく。英国では、バックを短く刈り込んだツーブロックのヘアスタイルにハンチング帽というピーキー・ファッションが社会現象にまでなった。

◎**時代背景**
第一次世界大戦後の時代と世界恐慌

『ピーキー・ブラインダーズ』は第一次世界大戦が終わって間もない1919年から始まる。英中部の工業都市、バーミンガムで違法ブックメーカー（賭け屋）を営むシェルビー家は、ジプシーの血を引き、社会の底辺を生きる家族だった。長男アーサー（ポール・アンダーソン）、次男トミー（キリアン・マーフィ）、三男ジョン（ジョー・コール）は第一次世界大戦で敵の前線まで地下トンネルを掘って奇襲攻撃を行うという危険なトンネル部隊に所属、大戦で最も犠牲者が多かったソンムの戦いに従軍しており、アーサーとトミーは戦後PTSDに悩まされていた。実質的なリーダーであるトミーは、シェルビー家をまとめ、合法的な会社を立ち上げようとする。そんなとき、バーミンガムの街から犯罪の温床とされる暴力団やアイルランド共和軍（IRA）、共産主義者を一掃するため、チャーチル首相の指令により、王立アイルランド警察隊のキャンベル警部（サム・ニール）がベルファストから派遣される。また、潜入捜査官としてアイルランド女性のグレース（アナベル・ウォーリス）がシェルビー家に送り込まれるが……。

　シーズン2では、ロンドンの縄張りをめぐる地元ギャングとの対立、シリーズ3では反共産主義組織やロシア貴族たちとの争い、シリーズ4ではイタリア系米国マフィアとの抗争とトミー・シェルビーの政界への

ヴェルサイユ条約の調印（ウィリアム・オルペン画）

進出、シリーズ5では国会議員になったトミーと英ファシスト同盟の党首オズワルド・モズリーとの関係、シリーズ6ではファシズム及び米マフィアとの戦いなどを中心に描いていく。

　このドラマの一番の魅力は、裏社会で生きる男たちの姿だろう。キリアン・マーフィ（『クワイエット・プレイス PARTII』）扮するところのトミー・シェルビーは、冷静沈着、頭脳明晰。大戦後の不安定な時代を利用し、共産主義者、労働組合、IRA、ファシスト党など、次々に現れる組織と対決、さまざまな戦略を使い、権力も地位もない状態から国会議員へと昇りつめる。一方で、戦争で人生が一変し、人生における自分の使命に苦悩する面もある。北ロンドンで違法酒を製造するユダヤ系ギャングのアルフィー・ソロモンズ（トム・ハーディ）、イタリア系米マフィアのルカ・シャングレッタ（エイドリアン・ブロディ）、極右政治家オズワルド・モズリー（サム・クラフリン）など、ライバルたちも只者ではない。また、強くしたたかに生きるシェルビー家の女性たちも魅力的だ。他界したヘレン・マックロリー（『ハリー・ポッター』シリーズ）は、本作でシェルビー三兄弟の叔母ポリーを演じ、高い評価を得た。ほかにも、エイダン・ギレン（『ゲーム・オブ・スローンズ』）、スティーヴン・グレアム（『ライン・オブ・デューティ』）、アニャ・テイラー＝ジョイ（『クイーンズ・ギャンビット』）など人気俳優が出演。『ピーキー・ブラインダーズ』では、歴史的史実が上手くストーリーに

取り込まれているが、なかでも第一次世界大戦が与えた影響、第一次世界大戦と第二次世界大戦の狭間の時代の移り変わりの時代の描写が面白い。

　当時、世界はまさに激動の時代を迎えていた。第一次世界大戦によってヨーロッパの情勢は一変し、ドイツ、オーストリア＝ハンガリー、オスマンの帝国は消滅、ロシア帝国では革命が起きて、1922年に世界初の社会主義国ソ連が誕生するなど、世界は大きな混乱状態にあった。

　1919年、連合国とドイツの間の講和条約がパリ郊外のヴェルサイユ宮殿で締結され、ドイツは西部戦線の戦場になったフランスとベルギーに巨額の戦争賠償金を支払うことになり、ポーランド、フランス、チェコスロバキアに所有していた領地と植民地すべてを放棄、陸軍や海軍の戦力が制限されるなど、一方的にすべての責任を押し付けられ、莫大な賠償金のため国家が破産寸前になった。

　一方、1920年代までに米国は世界一豊かな国に成長していたが、1929年に米国の株式市場が暴落、このウォール街の暴落がきっかけで世界大恐慌が始まる。

　ヨーロッパの国々も瞬く間に影響を受けた。戦後、財政が困窮していた英国は少しずつ回復に向かっていたものの、それも束の間で世界恐慌が起こり、英国では250万人以上が失業。1930年代になっても経済は停滞し、失業率は相変わらず高く、なかでも石炭、鉄鋼、船舶のような伝統産業が最も影響を受けたという。これらの産業は、英北部、ウェールズ、スコットランド

ムッソリーニとモズリー

を基盤としていたので、この地域の失業率が高くなった。1934年、ウェールズの町グラモーガンの失業率は、英南東部サリーよりも4倍も高く、英国内での南北格差が次第に大きくなっていった。

1930年代を通して、全国失業労働者運動（NUWM）が起こり、ロンドンへのデモ行進や各地でのストライキで、政府に対して失業者を救済するよう求めたが、政府はそれを無視し、抗議行動は度々暴力化した。

このような情勢のなか、世界は全体主義の不穏な空気に包まれていく。英国でもファシズムが台頭。1932年には政治家のオズワルド・モズリーが英ファシスト同盟を結成した。

───────── **サントラ** ─────────

ドラマのテーマソングである、ニック・ケイヴ＆ザ・バッド・シーズの「Red Right Hand」をはじめ、レディオヘッド、ホワイト・ストライプス、アークティック・モンキーズ、デヴィッド・ボウイなど新旧のクセのあるバンドやアーティストの曲が使用されたサウンドトラックもピーキー人気の秘密のひとつ。サントラ盤はUKサウンドトラックアルバム・チャート1位を記録。

英国王のスピーチ
THE KING'S SPEECH *2010*

DATA

⊙監督
トム・フーパー
⊙脚本
デヴィッド・サイドラー
⊙出演
コリン・ファース、ジェフリー・ラッシュ、ヘレナ・ボナム・カーター、ガイ・ピアース 、ティモシー・スポール、デレク・ジャコビほか

⊙ **あらすじ**

　第二次世界大戦へと向かう英国を舞台に、兄のエドワード8世の退位により、突然国王となったジョージ6世が吃音症を乗り越えて、歴史的な開戦演説を行うまでの様子を描く。

⊙ **見どころ**

『レ・ミゼラブル』のトム・フーパー監督が、吃音に悩むジョージ6世と言語療法士ライオネル・ローグの友情を描いた映画。アカデミー賞作品賞、監督賞、主演男優賞、脚本賞の4部門を受賞。真面目で誠実、内向的なバーティことジョージ6世をコリン・ファース（『キングスマ

ジョージ6世とエリザベス王妃（ジェラルド・ケリー画）

ン』）、夫を支えるエリザベス王妃をヘレナ・ボナム＝カーター（『ザ・ク
ラウン』）、風変わりなスピーチ矯正をするライオネル・ローグをジェフ
リー・ラッシュ（『パイレーツ・オブ・カリビアン』シリーズ）が演じ、芸達
者な俳優たちの演技をじっくり味わう極上の作品になっている。

◎時代背景
アドルフ・ヒトラーの台頭

　物語の舞台は1925年の英国。国王ジョージ5世（マイケル・ガンボン）
の次男ヨーク公アルバート王子（コリン・ファース）は、幼い頃から吃音
症を抱えていた。アルバートの妻、エリザベス（ヘレナ・ボナム＝カータ
ー）はオーストラリア人のスピーチ矯正専門家・言語聴覚士のライオネ
ル・ローグ（ジェフリー・ラッシュ）に矯正を依頼し、ふたりの風変わり
な治療が始まる。そんなとき、ジョージ5世が死去、長男エドワード

（ガイ・ピアース）がエドワード 8 世として即位するが、米国人女性シンプソン夫人との愛を貫いて、1 年足らずで退位を表明。突然王位を継承したバーティは戸惑いを感じるが、ローグのサポートにより、吃音を克服。困難を乗り越えて、英国王の任務を全うしていく……。

　映画『英国王のスピーチ』では、1939 年 9 月 3 日にジョージ 6 世が第二次世界大戦の開戦演説を行う様子が描かれる。第一次世界大戦からわずか 20 年の後で再び大戦が起こったのはなぜだろうか。

　第一次世界大戦敗戦後のヴェルサイユ条約と大恐慌により、1920 年代のドイツ経済は打撃を受け、ドイツ国民は経済問題を解決して自国の誇りをもたらしてくれる強力なリーダーを望んでいた。そんなときにアドルフ・ヒトラーが登場。ヒトラーはドイツの失業者数を減らし、経済的安定を図るなどして、ドイツの誇りを復活させ、再び世界最強の国にすると約束、国民の人気と支持を得るようになっていた。

　一方、英国は再度の戦争を避けるためにドイツに対して宥和政策を取った。1930 年代後半になると、ヒトラーの政策はさらに過激になっていたが、英国とフランスは外交的に平和に問題を解決しようとした。ドイツ首相になったヒトラーは、1935 年に海軍と空軍を拡張することを発表。これに対し、英国とフランスは、軍の再編を阻止しなかったのはおろか、1935 年には英独海軍協定を結んだため、ドイツの海軍拡大は合法となった。1936 年、ドイツはフランスとドイツの国境近くの非武装地帯であるラインラントに進軍し、イタリア、日本と三国同盟を結ぶ。1938 年にはヴェルサイユ条約に反してオーストリアとドイツを統一、さらにチェコスロバキアのズデーテン地方を侵略した。これに対し、英国とフランスは、戦争を回避するためにチェコスロバキアの他の地域を侵略しないことを条件にズデーテン地方所有を認めた。

　第一次世界大戦の教訓から、各国間の問題を話し合い、平和的な解決方法を見つけることを目的として国際連盟が 1920 年に創設された。しかし、国際連盟は軍隊を持たず、米国、ソ連、ドイツが不参加。国際連

エドワード 8 世とジョージ 6 世 ㉝

盟は、一定の成功はおさめたものの、結果として第二次世界大戦の勃発を防ぐことはできなかった。

1939年3月、ドイツはチェコスロバキアの侵略に続き、同年9月1日にポーランドに侵攻、ここに至って、ついに連合国はドイツに宣戦布告した。

なお、これをさかのぼる第一次世界大戦中の1917年、ジョージ5世（在位1910〜1936）の時代に国民感情を鑑みて、敵国ドイツの血筋であるサクス＝コバーグ＝ゴータ家の名前をウィンザー家と改称した。ウィンザー朝はジョージ5世から長男のエドワード8世（在位1936）、ジョージ6世（在位1936〜1952）、エリザベス2世（在位1952〜2022）、そして現在のチャールズ3世（在位2022〜）まで続く。

――――――― サントラ ―――――――

フランスの映画音楽作曲家、アレクサンドル・デスプラによるサントラは、アカデミー作曲賞にもノミネートされた。ピアノとストリングスが主体で、真面目なジョージ6世を象徴するような静寂感のある落ち着いた音楽になっている。

ウォリス・シンプソン

　エドワード8世が王位を捨ててまでも一緒にいることを選んだ女性、いわゆる「王冠を賭けた恋」のお相手がウォリス・シンプソン夫人だ。

　ウォリスは米ボルチモアの名家に生まれ、19歳で米海軍中尉と結婚するも、夫のアルコール依存症とDVで離婚、32歳で船舶仲介会社社長のアーネスト・シンプソンと結婚、アーネストの父親が英企業家だったことから、英社交界入りする。決して美人

ウォリス・シンプソン

とはいえないが、話術やダンス、ファッションのセンスなどで人々を魅了し、社交界の花になったという。1931年に当時王太子だったエドワードと出会い、1933年頃から不倫関係になったといわれる。アーネストには愛人がおり、妻の不倫は黙認。一方ウォリスはエドワード以外にもヨアヒム・フォン・リッベントロップ駐英ドイツ大使をはじめ、複数の男性と性的関係にあったというから、何とも不思議なカップルである。1936年1月にジョージ5世が崩御し、エドワード8世が即位。同年10月にウォリスの離婚が成立し、エドワードはウォリスとの結婚を進めようとするが、ウォリスは2回の離婚歴がある米国出身の一般市民であり、ボールドウィン首相や母親メアリー王太后、王室関係者らの猛反対にあう。エドワード8世は結局退位することを決意。王位より

愛する女性を選んだことで大変なスキャンダルになった。兄エドワード8世の突然の退位で、突然英国王になったジョージ6世の苦悩は映画『英国王のスピーチ』で描かれている通りだ。

　エドワードとウォリスはイギリスを去り、フランスで結婚式を挙げた。エドワードにはウィンザー公という称号が与えられたが、メアリー王太后やジョージ6世の妃エリザベスとは絶縁状態になる。また、第二次世界大戦中、エドワードとウォリスはナチスやヒトラーと親交があり、特にウォリスはドイツのスパイだったという噂もあったことから、英国民からの反感も強かったといわれる。戦後ふたりはパリ郊外のブローニュの森にある邸宅で暮らし、エリザベス2世の治世になってから、ようやく式典などに招待されるようになり、ウォリスも正式にウィンザー公夫人と認められることになった。1972年に77歳でエドワードが死去、ウォリスは1986年に89歳で死去した。

ダンケルク
DUNKIRK *2017*

DATA

⊙ **監督**
クリストファー・ノーラン

⊙ **脚本**
クリストファー・ノーラン

⊙ **出演**
フィオン・ホワイトヘッド、トム・グリン＝カーニー、ジャック・ロウデン、アナイリン・バーナード、ケネス・ブラナー、キリアン・マーフィ、マーク・ライランス、トム・ハーディほか

⊙ **あらすじ**

　第二次世界大戦中、ドイツ軍の攻撃により北フランスの海岸線に追い詰められた英軍を脱出させるためのダンケルク撤退を陸・海・空から異なる時間軸を交えて描いた戦争アクション映画。

⊙ **見どころ**

　第二次世界大戦中、チャーチル首相の命令により、軍艦から漁船やヨットなど多数の民間船を総動員してダンケルクから英兵士を脱出させる作戦が実行された。この有名なダンケルク撤退（コードネーム「ダイナモ作戦」）を壮大なスケールの映像美で描いていく。アカデミー賞では、

編集賞、音響賞、音響編集賞を受賞した。

　若手俳優フィオン・ホワイトヘッドとトム・グリン＝カーニーの瑞々しい演技、ノーラン作品常連のトム・ハーディ（『ダークナイト ライジング』）、キリアン・マーフィ（『インセプション』）、ケネス・ブラナー（『TENET テネット』）、そしてマーク・ライランス（『ドント・ルック・アップ』）という豪華キャスト。戦闘機から落とされる爆弾や銃弾に当たるか当たらぬも運次第、自分もその場にいるかのような緊張感と臨場感あふれる映画だ。

⊙時代背景
第二次世界大戦とチャーチル首相

　1940年5月、北フランスでは、ナチス・ドイツ軍の攻撃により英仏連合軍が海岸線まで追い詰められ、包囲されていた。英兵士トミー（フィオン・ホワイトヘッド）はドイツ軍の攻撃を交わし、やっとの思いでダンケルク港（英語ではダンカークと発音）までたどり着くが、そこには40

撤退するイギリス兵

万人という数の兵士が救出を待っていた。一方、英南部ウェイマスでは民間船の船長ドーソン（マーク・ライランス）が息子ピーター（トム・グリン＝カーニー）らと共にドーバー海峡を越えて英兵の救出に向かう。また、英国が誇る戦闘機スピットファイアのパイロット、ファリアー（トム・ハーディ）とコリンズ（ジャック・ロウデン）も撤退作戦を援護する指令を受けて飛び立っていく……。

　陸は1週間、海は1日、空は1時間という3つの異なる時間軸で展開するストーリーが、ある一点で交わるという、いかにもノーラン監督らしい作品である。

　チャーチル首相が指令したダンケルク撤退は、1940年5月27日から始まり6月4日に完了。およそ33万人の英国・フランス兵が救出された。この結果、英軍の人的損害が最小限に抑えられ、戦意も維持されることになった。また、困難に団結して立ち向かうことは"ダンカーク・スピリット（Dunkirk Spirit）"と呼ばれ、現在でも英国人の合言葉になっている。

　さて、第二次世界大戦は、その名前の通り世界中の主要国が関係した戦争だった。英国、フランス、米国（1941年12月〜）、ソ連（1941年6月〜）を中心にした連合国と、ドイツ、日本、イタリアを中心にした枢軸国が戦ったもので、1939年9月のドイツ軍によるポーランド侵攻に始まり、1941年12月に太平洋戦争が開始、1945年8月15日に日本が敗戦を迎えるまで続いた。

　日本では、第二次世界大戦というと太平洋戦線のイメージが強いが、英国で第二次世界大戦といえば欧州戦線が中心である。欧州戦線は、西部戦線（フランス、英国、ドイツ、オランダ。D・デイ上陸やバトル・オブ・ブリテンなど）、東部戦線（ポーランド、ロシア、バルカン諸島、東欧）、北アフリカ戦線（エジプトとスエズ運河のコントロール権をめぐり、独伊が英仏米と戦った）、地中海戦線（イタリア、マルタ、ギリシャ）などに分かれる。

　第一次世界大戦に引き続きの総力戦で、航空機や潜水艦、無線通信、

ウィンストン・チャーチル

レーダー、ジェット機、原子爆弾など新しい技術が登場した戦いであり、それゆえに多くの民間人も犠牲になった。また、ドイツではユダヤ人を中心に、ジプシー、障がい者、同性愛者などを差別するホロコーストも行われ、600万人以上が犠牲になったといわれる。

　1940年4月、ドイツはデンマーク、ノルウェー、ベルギー、オランダを侵攻して、フランスを攻撃。6月にはパリが陥落して、フランスも征服された。

　英国では、1940年5月にウィンストン・チャーチルが首相となる。貴族マールバラ公爵家の生まれのチャーチルは名門パブリックスクールのハロウ校から陸軍士官学校に進み、南アフリカで軍人生活を送ったエリートで、第一次世界大戦中は海軍大臣をつとめていた。チャーチルは宥和政策に反対。チェンバレン内閣が倒れ、チャーチルが首相になると、連立政権の戦時内閣を組む。戦争中、チャーチル首相は英国民と軍の士気を高揚するためにラジオで演説を度々行ない、英国に戦争の勝利をもたらす強力なリーダーとして象徴的な存在となった。

──────── 参考になる作品 ────────

『ウィンストン・チャーチル／ヒトラーから世界を救った男』（2017）

ゲイリー・オールドマンがウィンストン・チャーチルを演じる伝記ドラマ。第二次世界大戦で苦戦する1940年の英国を舞台に、首相になったチャーチルがダイナモ作戦を決意するまでの姿を描く。

──────────── **サントラ** ────────────

『バットマン ビギンズ』以降、クリストファー・ノーラン監督とチームを組んでいるハンス・ジマーが音楽を担当し、アカデミー作曲賞にもノミネート。物語の緊張感をさらに高めるかのような緊迫した音、懐中時計がカチカチと時を刻むかのような不穏なリズムが、聴く者をノーラン・ワールドに導いていく。

ヒトラーの台頭と第二次世界大戦 ㉞

イミテーション・ゲーム／エニグマと天才数学者の秘密
THE IMITATION GAME 2014

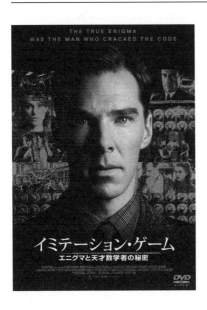

DATA

◉**監督**
モルテン・ティルドゥム
◉**脚本**
グレアム・ムーア
◉**出演**
ベネディクト・カンバーバッチ、キーラ・ナイトレイ、マシュー・グード、マシュー・ビアード、チャールズ・ダンス、マーク・ストロングほか

◉**あらすじ**

　第二次世界大戦でドイツ軍が使用した暗号機「エニグマ」の解読とコンピュータの発明に貢献した英国の天才数学者アラン・チューリングを描く伝記映画。

◉**見どころ**

　アンドリュー・ホッジスによる伝記をもとに、1920年代に寄宿学校で過ごした子供時代、第二次世界大戦中の1939年、戦後の1960年代という3つの時間軸からアラン・チューリングの生涯を追い、その数奇な人生をたどっていく。2014年アカデミー賞の脚色賞を受賞、天才

でありながらも変わり者と呼ばれたチューリングに扮したベネディクト・カンバーバッチ（『パワー・オブ・ザ・ドッグ』）の演技も高く評価された。

◉時代背景
英国を救った天才数学者

　物語は英国がドイツに宣戦布告をした 1939 年から始まる。解読不可能と考えられているドイツの暗号機エニグマを解読するため、デニストン中佐（チャールズ・ダンス）の指揮のもと、ロンドン近郊にあるブレッチリー・パーク政府暗号学校で暗号解読チームが結成される。集まったのは、ヒュー・アレグザンダー（マシュー・グッド）、ピーター・ヒルトン（マシュー・ビアード）など生え抜きの人材だった。アラン・チューリ

エニグマ暗号機

ング（ベネディクト・カンバーバッチ）も選抜されるが、社会性のない彼は自身が組み立てたコンピュータに執着し、仲間からも孤立してしまう。しかし中途参加した女性メンバーのジョーン（キーラ・ナイトレイ）がチューリングの理解者となって、チームは団結し、暗号解読に近づいていく。苦労の末、期限までにチームは暗号の解読に成功するが、ドイツ軍にエニグマが破られたことを悟られないために身動きができず、何も出来ない無力感を味わう。終戦後、MI６の諜報員ミンギス（マーク・ストロング）は、チームに暗号解読の

仕事を口外することを禁じ、関係書類はすべて破棄するよう命じる。戦
後、チューリングはマンチェスター大学で研究を続けていたが、1952
年に同性愛の罪で逮捕される。当時の英国では同性愛が法律で禁じら
れていたのだ。チューリングは保護観察処分となって、転向療法として
ホルモン治療を受けるが、1954年に41歳の若さで死去。映画のラスト
はチームが機密書類を燃やしているシーンで、エニグマの解読により、
終戦が2年早くなり、1400万人の命を救ったことを伝えて終わる……。

　戦時中のチューリングの業績は機密扱いだったため、彼の功績はなか
なか日の目を見ることがなかったが、近年、チューリングの汚名を晴ら
すためのキャンペーンが起き、2009年には当時のブラウン首相が公式
に謝罪、2013年には正式にエリザベス女王により恩赦を受け、チュー
リングの名誉が復活した。現在では、英国を救った第二次世界大戦中の
英雄、計算機科学の父・人工知能の父として評価され、2002年にBBC
局主催による一般投票で選ばれた「最も偉大な英国人100人」の21位
にランクイン。2021年6月から流通開始の50ポンド新紙幣の肖像に選
ばれた。

バトル・オブ・ブリテン

　さて、第二次世界大戦中の英国本土はどのような状況だったのだろう
か。英政府は、ドイツの爆撃によって市民が犠牲になることを恐れ、子
供たちを疎開させることを奨励した。1939年9月に疎開が始まり、子
供、妊婦、乳児をつれた母親、学童と教師が共にカントリーサイドに移
動した。クリスマスになると子供たちは一時帰宅し、1940年半ばに空
襲が始まると2回目の疎開が行われた。

　1940年にベルギー、オランダ、フランスが降伏すると、英国は単独
でドイツと戦うことになる。こうしてバトル・オブ・ブリテン（Battle of
Britain）が始まる。独軍は英国本土上陸を目指し、1940年9月からロン

空襲を受けたロンドン

　ドンに空襲（ブリッツ Blitz）を行った。工場やドック（波止場）がある工
業地域、住宅街の両方が空襲を受け、多くの人々が家を失い、空襲の犠
牲になった。

　バトル・オブ・ブリテン下の市民の生活は厳しかったという。食料品
を入手することは難しく、ガス、電気、水道の供給も度々止まった。
ロンドンのほかにもブリストル、マンチェスター、バーミンガム、リヴ
ァプールなどの都市も空襲を受け、特に 11 月 14 日の英中部コヴェン
トリーでの空襲では街の 3 分の 1 が焼け落ち、多くの住民が犠牲にな
った。

　キーラ・ナイトレイ主演の映画『つぐない』では、戦時中のロンドン
市民の生活が描かれるシーンがある。ドイツ軍の空襲から身を守るため

には、ブラックアウト（夜間、窓に目張りをして家の光を見えなくすること）を行い、街灯や車のヘッドライトも消され、人々は庭を掘ってアンダーソンシェルター（防空壕）を作った。また、ロンドンでは地下鉄の駅構内が空襲時のシェルターとして利用された。人々は布団や食料品やゲームなどを持ち込み、夜通しそこで過ごしたという。1940年には配給制が導入され、肉、バター、牛乳、卵、砂糖、さらに衣服や家具までもが配給となり、公園や運動場などは畑になり、野菜が栽培されるようになったという。

ジョージ6世夫妻は、ロンドン空襲中もバッキンガム宮殿やウィンザー城に留まり国民を励まし続け、同じように配給制度を受けるなどして、国民たちと耐乏生活を共有したことでも有名だ。

ドイツ軍による空襲は激しかったが、英空軍が誇るスピットファイアやハリケーンの活躍により、ドイツ軍は本土上陸を断念。1941年12月8日の真珠湾攻撃をきっかけに、中立国の立場にあった米国が参戦し、ようやく連合軍に戦局が有利になった。

1944年6月6日、ノルマンディ上陸作戦が行われ、米英を中心とする連合国軍の17万人の兵士がフランスのノルマンディ海岸に上陸するという大がかりな作戦を行った。これがドイツ軍の撤退に結びつき、同年8月にはパリが解放される。

1943年9月にイタリアが降伏、1945年2月にヤルタ会談で戦後処理が話し合われ、5月8日にドイツが降伏、欧州戦線は終戦を迎える。バッキンガム宮殿のバルコニーでは、ジョージ6世一家とチャーチル首相が集まった群衆と共に勝利を祝った。

英国及びヨーロッパでは、第二次世界大戦の終結は、1945年5月8日の戦勝記念日（VE デイ・Victory in Europe Day）を指すことが多い。英国では VE デイやリメンブランスデイ（戦没者追悼記念日）は、追悼の日であると共に、戦争の勝利をお祝いする日でもあるので、どこかお祭りムードが漂う。日本の終戦記念日の感覚とは大違いなので、これが戦勝

国と敗戦国の違いであるとつくづく感じる。

　第二次世界大戦の終わりにより、英国は新しい歴史の一歩を踏み出すことになった。

―――――――――――― **参考になる作品** ――――――――――――

『つぐない』（2007）　イアン・マキューアン原作をキーラ・ナイトレイ主演で映画化した歴史ドラマ。小説家を夢見る思春期の少女のちょっとした嘘が引き起こした悲劇を描く。

―――――――――――― **サントラ** ――――――――――――

『GODZILLA／ゴジラ』『英国王のスピーチ』などを手がけたフランスの映画音楽作曲家、アレクサンドル・デスプラによるもの。アカデミー作曲賞にもノミネートされた。

COLUMN
アイルランドの独立

20世紀に英国からの独立を目指して戦ったのは、遠い所にある植民地ばかりではなかった。隣国アイルランドの歴史は英国との戦いの歴史だ。エリザベス1世やジェームズ1世は忠誠を誓うプロテスタントに土地を与えるなどし、オリヴァー・クロムウェル、ウィリアム3世はアイルランドの植民地化を行ない、アイルランドのカトリック教徒は土地を奪われていった。1800年の「合同法」に

チャールズ・パーネル

より、アイルランドは英国に併合。「グレート・ブリテンおよびアイルランド連合王国」が誕生した。ダブリンの議会は廃止され、英国の議会に吸収された。1840年代後半のジャガイモ大飢饉では、100万人以上が死亡、100万人以上が英国や米国に移民したが、英政府は援助をあまり行わず、アイルランド人の間で不満が生まれることになった。

1870年代、政治家のチャールズ・パーネルはウェストミンスターの議会でアイルランドの自治獲得の運動を行ない、アイルランド共和主義同盟（Irish Republican Brotherhood・IRB）やアイルランド独立を目指す民族主義の政党、シン・フェイン党（Sinn Féin）も結成された。1914年、アイルランド自治法が成立するが、第一次世界大戦の開戦により、自治付与は延期。1916年、IRBはダブリンで「イースター蜂起」を起こすが

鎮圧され、首謀者たちが処刑された。

　1919年から1921年まで、英国とアイルランド独立派の間でアイルランド独立戦争が行われるなか、1920年に「アイルランド統治法」が成立。これはアイルランドを分割し、南アイルランド26州は英国の自治領（ドミニオン）、住民の大半がプロテスタントである北アイルランドのアルスター6州は英国に残留するというものだった。1921年にデヴィッド・ロイド・ジョージ英首相は「イギリス・アイルランド条約」に署名し、アイルランド自由国が誕生。英国の正式名称は、『グレートブリテン及び北アイルランド連合王国』になった。1938年にアイルランドは共和国となる（ただし国名が共和国となって英連邦から離脱するのは1949年）。しかし、1960年代には北アイルランドのアルスタ6州で、カトリック住民の公民権運動が起こり、1970年代に英政府が直接統治を開始すると、アイルランド全土の統一を目指すリパブリカンのアイルランド共和軍（Irish Republican Army・IRA）、英国との統合を維持するロイヤリストのアルスタ義勇軍（UVF）など、カトリック軍事組織、プロテスタント軍事組織、英軍・警察の間で抗争が繰り広げられる。

　1998年にベルファスト合意（またはグッド・フライデー協定・Good Friday Agreement）が署名され、長く続いた北アイルランド紛争はようやく一定の終焉を迎えた。

第六章 戦後のイギリス

コール・ザ・ミッドワイフ ロンドン助産婦物語

CALL THE MIDWIFE *2012~*

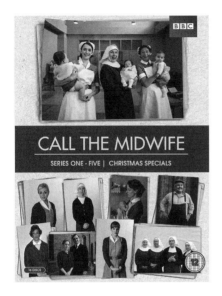

DATA

◎**企画**
ハイディ・トーマス
◎**製作総指揮**
ピッパ・ハリス、ハイディ・トーマス
◎**出演**
ジェシカ・レイン、ミランダ・ハート、ジェニー・アガター、ジュディ・パーフィットほか。ナレーションはヴァネッサ・レッドグレーヴ

◎**あらすじ**

　1950～60年代のロンドン東部の下町ポプラーを舞台に、若き助産師たちと妊婦や家族らの姿とロンドンの下町に住む人々のふれあいを描く。

◎**見どころ**

　ジェニファー・ワースの回顧録を映像化したBBCドラマ・シリーズ。2012年にシーズン1がスタート、以降1年に1回のペースで製作され、現在のところシリーズ11まで放送されている長寿番組。
　貧困、移民問題、人種差別、避妊ピル、違法中絶、認知症など、当時

の社会問題を織り交ぜながら、人々のふれあいをつづる心温まるストーリーで、感動的な出産シーンやかわいらしい赤ん坊の姿が前向きな気持ちにさせてくれる。1950〜60年代のファッションや生活スタイルなど、レトロで懐かしい雰囲気も良い。

◎時代背景
社会福祉国家への歩み

　1957年、看護師資格を取ったばかりのジェニー・リー（ジェシカ・レイン）がイーストエンドの貧困地区、ポプラーにやってくる。ジェニーが赴任したのは、修道女たちが訪問治療・助産を行うノンナートゥスハウス。ポプラーでは、ベビーブームで1ヵ月に100人前後の赤ん坊が生まれ、修道女や看護師たちはてんてこまいの日々を送っていた。着任早々、住民たちの貧しさや避妊の知識すらない女性たちの生活ぶりにショックを受けるジェニーだが、貧困のなかで強くたくましく生きる女性たちとの交流や、さまざまな出産のドラマを通して成長していく。

　今作ではロンドンの下町に住む人々の貧しい暮らしぶりが描かれている。20世紀初めの英国では多くの人々が貧困のなかで暮らしていた。貧困層は都市部のスラムに暮らし、低賃金で長時間の労働に従事、住居には上水道や適切な下水設備もなく、大家族が一部屋に住むことが多かったので、病気が簡単に感染した。また、失業したり、高齢で働けなくなったりしても、福祉手当や年金もなかった。

　1899年にボーア戦争（南アフリカ戦争）が起こったとき、粗末な食生活と貧困による健康不良のため、志願兵の40％が不合格になったといわれている。英政府は、将来起こり得る戦争に備えて、戦力になる健康的な人材が必要であり、この状況を改善するための対策を始めた。

　1905年に自由党が政権をにぎると、労働者階級層からの支持を得て、貧困層支援のための福祉法案が整えられた。1906年、英政府は学校給

食法を制定、自治体が貧困層の子供に無料で給食を提供することになった。1908年には児童法（または児童憲章）が成立、親や保護者が子供に暴力をふるったりネグレクトすることは犯罪になり、子供に物乞いや危険な仕事をさせたり、16歳以下がタバコを買ったりパブに行ったりすることも禁止になった。

ロイド・ジョージ蔵相

また、自由党のアスキス内閣では、ロイド＝ジョージ蔵相の提案で、労働者や高齢者に対する対策も行われた。1908年、老齢年金法が導入され、70歳以上の低所得者が年金を受け取るようになった。1909年には労働者の最低賃金を導入し、職業紹介所も設置。1911年に国民保険法が導入され、健康保健制度と失業保険制度が確立された。

NHS（英国民保健サービス）のはじまり

ドラマ『コール・ザ・ミッドワイフ』で助産師や看護師たちが所属しているのが英国の誇る国民保健サービス NHS（National Health Service）だ。戦後の英政府が行なった功績のトップを代表するものが、このNHSの設立である。

1942年、ウィリアム・ベヴァリッジ率いる政府委員会が、ベヴァリッジ報告を発表。「すべての人々が貧困、疾病、無知、不衛生、失業から免れる権利を持つべきである」とし、健康保険、失業保険、年金など

を同一の制度のもとに置き、国民全員に最低限の生活水準を保障する「ゆりかごから墓場まで」の社会福祉制度の提供を国に求めた。

　1945年、労働党が選挙で勝利し、アトリー内閣のアナイリン・ベヴァン保健相の主導により、1948年7月5日にNHSがスタート。経済支払い能力に関わらず、すべての人々が無料で医療サービスが受けられるというNHSは国民に圧倒的な支持を受けた。しかしながら、予想以上の人々が利用したために経費も増加。1950年代までに当初の予算の倍に膨れ上がった。経費の増加に対処するため、1950年代からは処方箋代（高齢者、子供、低所得者を除く）、歯科治療、眼鏡などが一部有料になった。NHS予算は年々増加しており、赤字と医療資源不足は英国が常に抱える問題のひとつになっている。

　英国では、日本のように好きな医院や病院に行くわけではなく、近所の一般医（GP）に登録し、どんな症状でもまずはGPにかかり、それ以上の治療が必要な場合はGPから専門医や病院を紹介してもらう仕組みになる。地域によっては、このGPの予約を取れるのが2週間先だったり、専門医の手術が半年待ちだったりするなど、治療を受けるのにかなり待たなければいけないことが問題になっている。また、事故や突然の病気、時間外の治療などは、病院のA&E（緊急外来サービス）を利用するが、命に別状のない場合は治療を受けるのに数時間待たされることもある。経費削減のため、病院のベッド数は急速に減少。出産しても当日または翌日に退院するのが英国では普通のことだ。

　このように、さまざまな問題を抱えるNHSだが、英国民・英国在住者を対象に、誰しもが貧富の差なく、診察、治療、手術、出産などの医療をすべて無料で受けられるというのは、さすが社会福祉国家である。2012年のロンドン五輪開会式の第二部でNHSへのオマージュが取り上げられたように、英国民にとってNHSは大切な存在である。2020〜2021年の新型コロナウイルス禍ではNHSスタッフに全国民から感謝の声が集まったように、英国民は自国のNHSに誇りを持っている。

　印象的なメロディのテーマソング、及びシリーズ 1 〜 3 までのサント
ラは作曲家ピーター・セイラムが手がけた。シリーズ 4 以降はロンドン
を基盤に活躍するイタリア人作曲家、マウリツィオ・マラニーニが作
曲。それぞれサントラ・アルバムもリリースされている。

ザ・クラウン

THE CROWN *2016~*

DATA

◎企画
ピーター・モーガン
◎製作総指揮
ピーター・モーガン、スティーヴン・ダルドリーほか
◎出演
クレア・フォイ、マット・スミス、オリヴィア・コールマン、トビアス・メンジーズ、イメルダ・スタウントン、ジョナサン・プライスほか

◎あらすじ

1952年、父ジョージ6世が急逝し、25歳の若さで即位した女王エリザベス2世を中心に、エリザベス女王の治世とロイヤルファミリーのメンバーたちの姿を描いた大河ドラマ。

◎見どころ

ピーター・モーガン企画・脚本によるNetflixオリジナルドラマ・シリーズ。2016年にシーズン1がスタート、2022年11月にシーズン5が配信予定。シリーズ6まで製作されることが発表されている。2シーズン毎にキャストが入れ替わるのが今作の特色でもあり、エリザベス

女王役はクレア・フォイ（S1・2）、オリヴィア・コールマン（S3・4）、イメルダ・スタウントン（S5・6）が演じる。これまでにエミー賞やゴールデン・グローブ賞など、数々の賞を獲得している話題作である。実際に起きた歴史的・政治的事件も登場するが、その一方で、架空の出来事も多く、ドラマの内容がどこまで事実でどこまで脚色なのかが毎回問題になる。シリーズ4ではチャールズ皇太子とダイアナ元妃の関係の描写が議論を呼んだ。

⊙時代背景
戦後の英国の変化

　物語は1947年のエリザベス（クレア・フォイ）とフィリップ（マット・スミス）の結婚式から始まる。病に倒れたジョージ6世（ジャレッド・ハリス）の代理として夫妻がケニア、スリランカを経てオーストラリアとニュージーランドを訪れる旅行の途中にジョージ6世は突然の崩御、急遽帰国したエリザベスはエリザベス2世として即位する。シーズン

結婚式の場面　

エリザベス女王と英王室

㊲

1では、若き女王と老練のチャーチル首相（ジョン・リスゴー）との対決、エリザベスとフィリップのすれ違い、マーガレット（ヴァネッサ・カービー）の結婚問題をめぐる姉妹の確執などが中心。シリーズ2以降はエリザベス女王の治世と苦悩、英王室メンバーたちの恋愛や人間関係を描いていく。

　第二次世界大戦後、大英帝国は大きな変化を遂げた。そのひとつが植民地国の独立だ。『ザ・クラウン』のなかでも、ドミニオン（自治領）をめぐる攻防が描かれているが、なかでも英国とインドの関係は戦後大きく変化した。

　1858年に大英帝国の一部となったインドは、その豊富な資源と労働力により、大英帝国に巨額の富をもたらし、二度の大戦にも多大な兵力を供給した。しかし、インドの土地や大事業の多くは英国人が所有しており、大多数のインド人の生活は貧しかった。また、インドにはヒンドゥー、イスラム、シークという3つの宗教グループがあり、大英帝国が取った分割統治政策は、これらのグループの対立を悪化させることになる。

　インド民族運動の中心になったのはインド国民会議（Indian National Congress）で、マハトマ・ガンディーは非暴力・不服従でインドの独立運動を行う。第二次世界大戦後の1947年にインドの独立が認められたが、ヒンドゥー教徒中心の国民会議派とイスラム教徒のムスリム連盟の間に対立が起きる。主権譲渡のため、最後の英領インド帝国総督としてルイス・マウントバッテン卿が赴任。インドとパキスタンは分離して独立することになる。両国は1947年8月に独立、続いてビルマ（現ミャンマー）とセイロン（現スリランカ）も翌年独立した。1950年にインドは共和国となって英国の君主はインドの元首でなくなり、1971年にはパキスタンもこれに続いた。さらに、パキスタンでは内戦が起き、1971年にバングラデシュが誕生。なお、インドとパキスタンでは、北部のカシミール地方をめぐって現在でも領土の争いが続いている。

スエズ戦争

『ザ・クラウン』のシーズン1で、イーデン首相政権下の英国の危機として描かれるのがスエズ戦争（第二次中東戦争）だ。インドやアジア、東アフリカにある大英帝国の植民地への物品の輸送を行うために、英国にとってスエズ運河は重要な拠点であり、19世紀を通じて、英国はエジプトに巨額の投資を行っていた。1875年、経済難に陥ったエジプトはスエズ運河の株を売却、ディズレーリ首相はすかさず株を大量に購入し、スエズ運河のコントロール権を掌握した。さらに、英国は1882年にエジプトに侵攻、保護国として植民地支配を行なった。1922年にエジプト王国の独立を認めたが、1953年にエジプト共和国が誕生するまで、英国の間接的な支配が続いた。

　1956年、エジプトのナセル大統領はスエズ運河の国有化を発表。これは物品の輸送でスエズ運河に依存する英国とフランスの利益に反したため、英国、フランス、イスラエルは、スエズ運河を再び掌握するためにエジプトを軍事的に侵攻する秘密会談を行い、1956年10月、エジプトを侵攻。米国、ソ連、国連をはじめ、国際世論はこれを一斉に非難。米国は英国とフランスに軍隊を引き上げるよう圧力をかけ、英仏軍は1週間で撤退した。かつての植民地時代を引きずる時代錯誤なやり方で、独立国家となった旧植民地国を武力で支配しようとして失敗したことで、英国の評価は急落した。また、英国と米国の

ナセル大統領

親密な関係が一時的に緊張を生み、英国の米国に対する経済的立場も弱くなったことは明らかで、大英帝国の終焉を示すこととなった。こうして、1950年代以降の英国はさらに大きな変化を遂げることになった。

なお、かつての旧植民地・ドミニオンを中心にした国からなる国家連合体にコモンウェルス（英連邦）がある。現在は54か国が加盟しており、英君主が長になる。

———————————— サントラ ————————————

テーマソングは巨匠ハンス・ジマーによるもの。シリーズ1の音楽はルパート・グレッグソン゠ウィリアムズ（『ワンダーウーマン』）、2はルパート・グレッグソン゠ウィリアムズとローン・バルフ（『トップガン マーヴェリック』）、3と4はマーティン・フィップス（『戦争と平和』）がそれぞれ手がけている。

エリザベス2世

映画『英国王のスピーチ』で
描かれる通り、エリザベス2世
の父親である国王ジョージ6世
はもともと第二王子であり、国王
になる教育を受けず、長男を後ろ
から支える影の立場として成人し
た。ところが、兄のエドワード8
世が「王冠を賭けた恋」で退位し
たのに伴い、押しつけられたよう
な形で国王の座を継承することに
なり、リリベットの愛称で呼ばれ
る長女のエリザベス王女も父王の
即位に伴って、突如として王位継
承第1位になった。英王室メンバ
ーといえども、それまでスポット
ライトを浴びずに比較的平穏な暮

ドラマのなかのエリザベス2世（クレア・
フォイ）©2016 Left Bank Pictures（Television）
Limited. All Rights Reserved.

らしをしていた4人家族にとって、これはまさに青天の霹靂だった。

　エリザベスが後の夫となるフィリップと出会ったのは1939年の夏。
ジョージ6世は家族を伴って英南西部ダートマスの王立海軍兵学校を
訪問するが、士官候補生として海軍兵学校で訓練を受けていたフィリッ
プが、エリザベスとマーガレット姉妹の案内役を務めることになり、こ
のときふたりは初めて対面する。エリザベスは13歳、フィリップは18
歳。金髪碧眼、ハンサムで背が高く、スポーツ万能のフィリップにエリ
ザベスが一目惚れしたというのは有名な話だ。

　海軍兵学校を首席で卒業したフィリップは第二次世界大戦に従軍。戦

エリザベス女王とフィリップ殿下

時中、フィリップとエリザベスは文通をしながら親交を深め、エリザベスは海軍制服姿のフィリップの写真を寝室に飾って、彼の無事を祈っていたという熱愛ぶりだった。

戦後にふたりのロマンスは花開き、1947年11月20日、ふたりは結婚式を挙げた。21歳になったエリザベスは初恋を実らせての結婚だった。

その頃からジョージ6世は体調不良になり、エリザベスが代わりに公務を行うことが多くなる。心労が重なったジョージ6世は1952年に56歳という若さで崩御。エリザベスは1952年に25歳でエリザベス2世として即位。以降、多忙な公務をこなし、コモンウェルス（英連邦）をめぐる問題、英王室メンバーの数々のスキャンダルを乗り越えていく。

2021年4月9日に最愛の夫、エディンバラ公フィリップ殿下が99歳で崩御。フィリップ殿下は王配として女王の支えに徹し、ふたりの結婚生活は73年に及んだ。

2022年に在位70周年を迎え、同年6月にはプラチナ・ジュビリーの祝いが盛大に行われたのも記憶に新しいが、2022年9月8日に96歳で崩御。荘厳な国葬が行われ、英国の底力を見せつけた。70年にわたり、英国とコモンウェルスのために尽くした人生で、旧植民地や君主制反対派からの批判はありながらも多くの英国人から尊敬と敬愛を集めた君主だった。

◉ **参考資料**

『世界各国史 11 イギリス史』
川北稔（山川出版社）

『概説イギリス史』
青山吉信・今井宏（有斐閣選書）

『物語イギリスの歴史（上）(下)』
君塚直隆（中公新書）

『イギリスの歴史が 2 時間でわかる本』
歴史の謎を探る会（河出書房新社）

『映画で楽しむイギリスの歴史』
吉田徹夫・村里好俊・高瀬文弘（金星堂）

『映画でわかるイギリス文化入門』
板倉厳一郎・スーザン・K・バートン・小野原敦子（松柏社）

『イギリス王室　1000 年の歴史』
指昭博（株式会社カンゼン）

週刊『ジャーニー』
（ジャパンジャーナル社）https://www.japanjournals.com/

"Key Stage Three History - Complete Revision & Practice"
CGP

あとがき

　世の中は激動の時代を迎えているといわれます。英国ではブレグジット（欧州連合離脱）、そして新型コロナウイルス禍での3度にわたる完全ロックダウンを経て、ようやく日常に戻りつつあった矢先に、エリザベス女王の逝去。まさに、ひとつの時代の終焉です。

　この本では、ローマ時代から第二次世界大戦後までのイギリス史をたどりました。「英国とは何か？　英国人とはどのような人々なのか？」の理解に少しでも貢献できれば幸いです。1960年代以降の英国の歴史・文化については、改めて別の機会に取り上げることができるのを願っています。

　この本で取り上げた映画・ドラマから、激動の時代を生き抜くためのヒントを学ぶのもよし、気楽にエンタメとして楽しむのもよし。中世イングランドで冒険したり、英国カントリーサイドを散歩したり、戦争の虚しさに涙したり、英国人のダークなユーモアに笑ったり、推しの演技にときめいたり。英国ドラマのなかで自由に楽しくお過ごしください。

　最後に、この本を世に生み出すきっかけをいただいた東京藝術大学大学院教授の毛利嘉孝先生と英国の魅力を伝える機会を与えてくださったPヴァインの大久保潤さんに感謝いたします。

　私をサポートしてくれる両親、愛する息子のユアン、いつもありがとう。

　そしてもちろん、この本を読んでいただいたみなさまにも心からの感謝を申し上げます。

2022年10月　イギリスより愛をこめて　　名取由恵

映画とドラマで学ぶイギリス史入門

2022 年 11 月 26 日　初版印刷
2022 年 11 月 26 日　初版発行

著者　　　　　名取由恵

デザイン　　　北村卓也
編集　　　　　大久保潤（P ヴァイン）

発行者　　　　水谷聡男
発行所　　　　株式会社 P ヴァイン
　　　　　　　〒 150-0031
　　　　　　　東京都渋谷区桜丘町 21-2 池田ビル 2F
　　　　　　　編集部：TEL 03-5784-1256
　　　　　　　営業部（レコード店）：
　　　　　　　TEL　03-5784-1250
　　　　　　　FAX　03-5784-1251
　　　　　　　http://p-vine.jp
　　　　　　　ele-king
　　　　　　　http://ele-king.net/

発売元　　　　日販アイ・ピー・エス株式会社
　　　　　　　〒 113-0034
　　　　　　　東京都文京区湯島 1-3-4
　　　　　　　TEL　03-5802-1859
　　　　　　　FAX　03-5802-1891

印刷・製本　　シナノ印刷株式会社

ISBN　978-4-910511-29-0